Dédié à MM. les membres du Parlement Français

LA FIN

DE MONTE-CARLO

Exposé succint, authentique et impartial des crimes de diverse nature dont la principauté de Monaco est jour-nellement le théâtre.

“ DELENDA MONACO ”

par MAXIME DELATOUR

Publication bi-mensuelle paraissant
le 15 et le 30 de chaque mois

PRIX : 10 CENTIMES

TIRAGE : 100.000 EXEMPLAIRES

Avant-Propos

Cette brochure, œuvre de salubrité publique, sera tirée à 100.000 exemplaires, et envoyée gracieusement à M. le Président de la République, à MM. les Ministres, à tous les Sénateurs et Députés français indistinctement, sous enveloppe fermée et reccommandée, aux chefs des partis de tous les Parlement d'Europe et d'Amérique, aux directeurs des journaux français et étrangers, ainsi qu'à tous les hivernants le jour de leur arrivée sur la Côte d'Azur, et sera vendue dans les principales librairies d'Europe et sur la voie publique des principales villes de France. La traduction de l'ouvrage est assurée en cinq langues et toutes les mesures seront prises pour que les innombrables agents secrets du Casino de Monte-Carlo ne puissent pas acheter tous les exemplaires de la présente brochure comme, cela se fait régulièrement le jour de l'apparition d'un ouvrage mettant à nu les scandales de Monaco ; en outre, l'auteur, prendra les précautions nécessaires afin d'éviter d'être assassiné.

A cet effet, dès aujourd'hui il commencera par ne plus mettre les pieds sur le territoire Monégasque.

LA FIN DE MONTE-CARLO

La grande, noble et généreuse France n'a-t-elle donc pas enfin compris qu'il est plus que temps qu'elle mette fin à l'action criminelle des misérables qui exploitent effrontément, cyniquement et injustement les jeux à Monaco.

C'est une honte pour la France, honte qui rejaillit sur toute la Côte d'Azur en général, et sur la jolie ville de Nice en particulier ; car, le voisinage de cet antre de malheur, de déshonneur et de mort est funeste au possible à la Perle de la Méditerranée.

Le Parlement français permettra-t-il donc éternellement, qu'un minuscule territoire placé sous le protectorat de la France, soit presque journellement souillé, non seulement du sang des malheureux qui se suicident, mais encore de celui répandu par les émissaires des bandits de la Société des Bains de Sang de Monaco.

Non, n'est-ce pas, le gouvernement inscrira dans son programme de réformes, actuellement à l'étude, la fermeture définitive du Casino de Monte-Carlo.

C'est pour l'éclairer dans sa tâche, que nous allons lui présenter une étude authentique, précise et impartiale des ignominies qui se passent sur le territoire de la Principauté de Monaco.

Il y a une dizaine d'années, la pressé locale de Nice était unanime à déplorer la décadence de la Reine de la Méditerranée ; quelques journaux continuent courageusement leur campagne d'épuration, les autres ayant vu rester infructueux leurs efforts, se taisent momentanément, prêts assurément à rentrer en lice dès qu'un député aura daigné soulever à nouveau la question.

Les étrangers ont de l'argent, mais qui ne se dépense guère sur le littoral, car ils n'en ont jamais assez pour alimenter la Roulette ; et ce, grâce à d'habiles réclames faites par Monte-Carlo en première page des grands quotidiens, à raison de 30 francs la ligne, afin d'égarer l'opinion publique.

Monte-Carlo a contribué pour beaucoup à lancer la Côte d'Azur, c'est indéniable ; mais aujourd'hui, la Côte d'Azur est universellement connue et appréciée, et par une réaction compréhensible, c'est le célèbre Tripot qui maintenant lui fait du tort.

Tant de gens ont été échaudés à Monaco, qu'ils détournent aujourd'hui leurs familles et leurs amis d'un beau pays dominé par la bande Blanc, Ruflin-Bonaparte, Radziwill et Cie.

Quand MM. les Sénateurs et Députés des Alpes-Maritimes le voudront, ils rendront sa prospérité entière à leur département, et son bon renom à l'Etranger.

Qu'ils insistent donc auprès du Gouvernement français pour qu'un acte diplomatique énergique obtienne, ce qui est facile, la fermeture de la maison d'égorgement de Monte-Carlo ; le reste va de soi, le monde civilisé applaudira.

Personne ne mettait en doute que l'existence d'un Cercle comme celui de Monte-Carlo était un malheur public, mais on y croyait voir quelques compensations, et la célèbre maison de jeu dépensait secrètement tout l'argent qu'il fallait pour entretenir cette illusion et se procurer des protecteurs discrets.

Aujourd'hui, il devient éclatant comme la lumière du soleil, que ces compensations ne sont que des préjugés, et que si l'antre de Monte-Carlo attire dans la région dix étrangers qui n'y viendraient pas sans la roulette, elle en écarte vingt familles qui, par crainte de céder à ses tentations, s'en vont passer l'hiver ailleurs,

La prospérité et la vogue de la saison d'hiver de Biarritz et autres stations hivernales des Pyrénées en sont la conséquence.

Tous les commerçants se plaignent et ne se gênent pas pour dire hautement que c'est le jeu qui a tué Nice et la région, car il est mis aussi bien à la portée des Niçois qu'à celle des Etrangers.

En principe, l'entrée des salons de Monte-Carlo est interdite aux habitants du département des Alpes-Maritimes ; mais il suffit, et nous en avons la preuve, d'être assez diplomate pour savoir de temps à autre offrir des poulardes et des boîtes de cigares (vous voyez que je précise la nature des dons), ainsi qu'une belle plaque de cent francs en fin de saison, à un personnage aux allures austères, et à ses subordonnés pour passer inaperçu aux yeux de ce fonctionnaire éminemment corruptible, qui occupe cependant la plus haute situation dans la police des jeux au Casino.

Un grand nombre d'habitants du département des Alpes-Maritimes ont succombé à la tentation suscitée par le démon du jeu et fournissent leur large contingent de victimes.

Les traites protestées à Nice atteignaient le chiffre de 400, l'avant-dernière saison ; l'an dernier elles ont dépassé 3.600, et tout cela, grâce à la complaisance de cet ex-commissaire de police.

A défaut des commerçants de Nice et des propriétaires de toute cette région privilégiée du soleil, il en est d'autres des pays plus froids qui peuvent répondre aujourd'hui en s'appuyant sur les expériences faites chez eux.

Il y a une trentaine d'années, l'Allemagne avait des cercles de roulette dans toutes ses principales villes de saison.

En 1873, M. de Bismarck fit fermer brusquement toutes ces maisons de jeu. Ce furent d'abord de jolis cris : c'était soi-disant la ruine pour tous ces pays-là.

Le Gouvernement allemand laissa crier, et voici ce qui advint :

La clientèle des joueurs, toutes gens peu susceptibles d'intérêt, quitta naturellement les villes de saison privées de leur roulette, mais elle fut remplacée par une autre clientèle, plus nombreuse, que les maisons de jeu en éloignaient auparavant.

En sorte, qu'il se produisit ce résultat, constaté par nombre de documents officiels, que l'acte de M. de Bismarck augmenta la prospérité des villes de saison en Allemagne, au lieu de leur nuire.

Il en serait de même pour la Côte d'Azur, si les facilités de ruines et de suicide étaient diminuées dans la région par la suppression de Monte-Carlo, et le bon renom de tout le pays se ressentirait de pareilles mesures, car il est malheureusement établi que le jeu pousse aux mauvaises actions de toutes sortes. Les statistiques judiciaires les plus officielles sont là pour démontrer que, dans les départements du Var et des Alpes-Maritimes, les délits de droit commun se sont fortement et subitement accrus depuis la création de Monte-Carlo et sont dans une proportion de 30 o/o plus forte que dans tout le reste de la France.

Dans les palais de justice de ces deux départements si près du foyer de la contagion, l'opinion de tous les magistrats est unanime. C'est à Monte-Carlo qu'on doit cet état de choses qui n'existait pas avant la création du trop fameux tripot et qui n'existerait plus si on venait à le faire disparaître.

Réussira-t-on à fermer le triste tripot monégasque ? Nous le croyons tout de même, sans nous bercer d'illusions excessives à cet égard. Monte-Carlo a résisté à d'innombrables écrits autrement violents et documentés que la première brochure de notre modeste ouvrage, qui ne donnera qu'une faible partie des raisons qui militent en faveur de sa disparition.

Tant de gens sont intéressés au maintien de cette grande maison de jeu ; son budget secret, bien plus fort que celui de la Sûreté générale de Paris, qui donne tant de moyens d'action ; les indignations sont si peu unifiées. si peu dirigées dans un sens pratique contre sa formidable puissance, que rien ne semble en faire voir le terme.

Il est vraiment prodigieux qu'une institution comme celle de Monte-Carlo qu'aucun homme désintéressé ne défend ; qui a honte d'elle-même au point de se dissimuler hypocritement sous le titre commercial. grotesque et menteur de : « Société des Bains de Mer de Monaco », il est prodigieux, disons-nous, qu'une telle institution ouvertement méprisée de tous, puisse subsister et prospérer depuis si longtemps et que son succès aille toujours grandissant !

Jamais plus formidable et plus publique affirmation de la puissance de l'or honteusement volé, n'a été faite depuis la création du monde.

Des souverains puissants ont demandé la fermeture de Monte-Carlo, et un grand pays comme la France — pays qui se fait respecter dans le monde entier — n'ose agir contre cette principauté minuscule qui est sa vassale, et laisse soupçonner chez lui, par son inertie, d'incroyables complicités.

Le Gouvernement français a le choix des moyens à employer pour arriver à la fermeture du tripot monégasque.

S'il ne veut procéder par simple décret, qu'il agisse par l'intermédiaire du ministre des Affaires Etrangères, et le Prince s'inclinera devant une note bien claire.

Inutile de craindre une intervention diplomatique.

L'Italie a reconnu par l'organe de son ministre des Affaires Etrangères, dans la séance de la Chambre des Députés du 24 février 1882, le tort que lui fait le voisinage de Monte-Carlo, et qu'elle s'associerait aux autres gouvernements dans le but d'obtenir cette fermeture.

L'Allemagne qui a supprimé toutes les maisons de roulette qui existaient chez elle, ne peut émettre la prétention d'obliger la France à supporter ce qu'elle ne veut pas souffrir.

La Russie est trop souvent atteinte dans sa grande aristocratie, pour que le tzar Nicolas II ne soutienne énergiquement la France dans cette œuvre d'assainissement.

Quant à l'Angleterre, si on a vu parfois le Prince de Galles dans les salons de jeu, la Reine Victoria n'a pas hésité à faire connaître ses sentiments hostiles au Casino, sentiments qui sont partagés par la plupart des membres de la haute colonie anglaise de Nice qui ont, à plusieurs reprises, signé des pétitions contre le tripot de Monaco.

Il n'y a donc aucune complication à craindre ; d'ailleurs, quel est le gouvernement qui oserait se mêler de nos affaires intérieures, surtout pour soutenir la roulette et le trente-et-quarante. Même une tribu d'apaches du Far-West rougirait d'appuyer une telle immoralité,

La seule campagne sérieuse (1882 à 1886) n'a pas rencontré le moment propice.

Actuellement, un sénateur, c'est tout dire, va soulever une bonne fois la question, et ne prendra du repos que lorsqu'il aura débarrassé le monde de sa plus hideuse plaie. J'ai cité le très honorable et respectable M. Gaudin de Villaine.

Dieu puisse-t-il vouloir dans l'intérêt de l'humanité que cet honnête homme surmonte les obstacles qu'il rencontrera.

.·.

Au cours de cet ouvrage qui paraîtra régulièrement tous les quinze jours, nous exposerons successivement la nomenclature des crimes qui se commettent à Monte-Carlo.

Nous montrerons comment on achève dans les sous-sols du Casino, les malheureux qui se sont manqués en se suicidant.

Nous dirons où on les enterre la nuit et comment cette opération se pratique ; nous prouverons que l'Administration du Casino donne une prime aux hôteliers chez lesquels une personne se tue, pour cacher le cadavre, et de quelle façon on enterre les morts entre 2 et 3 heures du matin.

Vous vous étonnerez de n'avoir jamais rencontré de croque-morts à Monte-Carlo ? Détrompez-vous, à chaque pas, vous en voyez aux abords du Casino ; seulement ils sont déguisés en pompiers, et le service de surveillance auquel ils sont préposés n'a aucun rapport avec les incendies.

Nous dépeindrons les mille trucs employés par le Casino pour retirer la carte d'entrée aux personnes qui, au cours d'une période de veine, gagnent trop insolemment ; de quelle manière elle empêche de jouer ceux qui, par leur situation, sont à l'abri de l'expulsion des salons de jeux et qui, par la force de leur capital, occasionnent parfois de trop fortes secousses à la caisse. Je fais allusion au grand industriel de Varsovie qui avait gagné 1.980.000 francs en mai dernier, et à qui on n'a pu faire reperdre qu'un million à la suite de manœuvres déloyales.

Nous dépeindrons dans tous ses détails l'organisation policière secrète; nous publierons, dans un but de salubrité publique, le portrait des principaux mouchards, afin que les étrangers apprennent à se taire, en chemin de fer, à l'hôtel, au théâtre, partout enfin ; et ne soient plus à la merci des maîtres chanteurs rémunérés grassement par l'Administration de la jolie Société des Bains de Sang de Monaco.

Nous aurons soin de ne pas passer sous silence l'intéressant chapitre des disparitions inexpliquées, et tout en publiant des noms et des dates, nous prouverons que lorsque le disparu appartient à une illustre et puissante famille qui menace de faire du tapage, en moins de vingt-quatre heures de temps, le corps est retrouvé comme par enchantement à 1 m. 50 de profondeur, dans les flancs de la montagne qui s'élève derrière le cimetière de Monaco.

Il existe à cet effet des plans topographiques admirablement dressés qui indiquent l'emplacement exact de l'enfouissement de la victime. Je dis à dessein enfouissement, car les cercueils qui se trouvent en permanence dans les sous-sols du Casino, à côté du tunnel souterrain qui conduit à l'hôtel de Paris, servent indéfiniment; ils ne sont employés que pour conduire le cadavre dans la montagne où il est enterré nu, une plaque indicatrice en métal au cou.

Nous prouverons que les actions de la société des Bains de mer sont réparties en un petit groupe de privilégiés; je ne citerai que les chiffres suivants qui datent de 10 ans :

Heine avait	25.000	actions
Le Prince Albert	1.500	»
Camille Blanc	10.000	»
Radziwill	5.000	»
Edmond Blanc	4.000	»
de Montgomery	800	»
Bertora	300	»

Le prince touchait en outre sa subvention de 1.400.000 francs, 1.000 fr. par jour et par table au-dessus de cinq. Il y en avait 17 l'hiver dernier.

La concession expirait en 1913, mais la princesse Alice l'a fait renouveler pour 50 ans à partir du 1er août 1898 aux conditions suivantes :

10.000.000 tout de suite au Prince de Monaco ;

15.000.000 en 1914 ;

5.000.000 pour agrandir le port de Monaco ;

2.000.000 pour la construction de l'Opéra et subvention de 25.000 francs par représentation donnée à l'Opéra à raison de 24 par an.

Le Prince recevra 50 o/o sur les recettes qui dépassent 25.000.000 (elles ont été de 80.000.000 l'an dernier)

Et tout cela avec l'or des malheureux !

Pendant ce temps, les actions montent toujours !

La grande saison allant recommencer, les mouchardes et rabatteuses ont été rappelées, l'ordre de mobilisation en a été lancé la semaine dernière. J'ai rencontré, le 20 Novembre, avenue de la Gare, à Nice, la reine des casseroles, Adrienne C..., et le 22, avenue Thiers, une des principales auxiliaires de la bande. Je leur ai parlé, mais elles ignorent que je suis au courant du triste métier auquel elles se livrent.

Les concerts classiques ont repris jeudi 22 novembre. Les dilettanti, assoiffés de symphonies de Beethoven, de Berlioz, de Mendelsshon, supérieurement interprétées, car chaque musicien est un artiste hors ligne, ont débarqué des trains de luxe.

Car à Monaco seulement, on fait de la vraie musique.

Les grands concerts de Paris ne sont que de la Saint-Jean auprès ceux de Monte-Carlo ; c'est vous dire que le casino ne recule devant aucun sacrifice pour attirer à lui par les moyens les plus divers, les naïfs du monde entier.

Pour toutes ces raisons, nous refuserons d'être de connivence avec cette bande d'exploiteurs. Nous publierons les noms et biographies de tous ceux qui font partie de cette association, tous gens tarés.

Nos écrits iront partout ; les gouvernements de l'Europe apprécieront et finalement effrayés des preuves que nous allons leur placer sous les yeux, s'agiteront car ils voudront devancer la dynamite, en ce cas, moralisatrice et vengeresse, qui viendra probablement détruire à tout jamais, d'un seul coup, ce foyer infâme, ce chancre de la Méditerranée, qui se nomme Monaco.

Tout ce que nous allons dire à ce sujet est tellement vrai, indéniable et indiscutable que les plus incrédules ne douteront plus.

Afin d'éviter aux innombrables hivernants de se trouver parmi la quantité d'innocentes victimes qu'occasionnera l'explosion de bombes d'une violence inouïe, nous informerons en particulier les infortunés Russes qui ont eu la chance inespérée de passer à travers les péripéties de la révolution et qui ont réalisé rapidement leurs biens de toute nature afin de les offrir à la famille Blanc et Cie. qu'il eût été préférable d'en envoyer le montant par la poste, en restant chez eux, plutôt que de venir se faire bêtement dynamiter dans les salons du tripot tout en perdant leurs capitaux.

Deux tentatives semblables ont déjà échoué à la dernière minute.

.·.

En septembre 1888, il y a donc près de 20 ans, le casino manqua d'être réduit en cendres ; le prince K..., qui habitait la chambre No 12, à l'hôtel Terminus. à Nice, après avoir perdu plus d'un million, convaincu qu'il avait été volé, résolut de faire sauter le casino au moyen de la dynamite. L'administration, représentée par M. de Gourlet, chevalier de la Légion d'Honneur, S. V. P., qui était à l'époque un des commissaires portier-concierge, sut faire entraîner le prince dans les sous-sols du Casino, où il fut sérieusement passé à tabac et laissé pour mort. On le fit ensuite disparaître, et nous devinons ce qu'il est devenu.

En 1896, deux bombes furent déposées, un après-midi. Les actions tombèrent à 1900 francs du jour au lendemain ; pendant quelques jours les salons furent désertés ; les pompiers, jardiniers, employés aux divers services furent déguisés en joueurs afin de simuler du monde et ramener insensiblement la confiance parmi le public.

Nous ne doutons pas que si la fermeture du casino n'a pas lieu à la suite d'un vote émis par MM. les membres du parlement français, la dynamite parlera cet hiver au casino. Un certain nombre de révolutionaires Russes qui poursuivent les grands ducs à travers l'Europe sont désignés par un comité terroriste de leur pays pour jeter simultanément plusieurs bombes en Janvier ou Février prochain, de préférence un jour où de grands personnages Russes se trouveront dans les salons.

.·.

Commençons par retracer dans toute leur horreur le passé de la bande entière qui se trouve à la tête de cette honteuse exploitation de la crédulité publique ; à cet effet, nous allons reproduire ci-après en un résumé des plus succints, les biographies des personnages principaux de la Société des

Bains de Mer, d'après les documents du très intéressant et impartial ouvrage de Léo Taxil, intitulé: Monaco 1905.

Chacun de ces portraits fera l'objet d'un chapitre spécial dans les brochures suivantes.

Nous citerons en premier lieu :

François Blanc, roi de la Roulette et du Trente-et-Quarante, fondateur des jeux de hasard à Monte-Carlo, né à Courthezon (Vaucluse), le 12 décembre 1806, marié le 20 juin 1854 à Marie-Charlotte Hensel, prussienne ; mort le 27 juillet 1887 à Loches-les-Bains (Suisse).

Illustre surtout par son arrestation en 1836, sa comparution devant la Cour royale d'Orléans, chambre des mises en accusation (audience du mardi 6 décembre 1836) et finalement par sa condamnation prononcée par la Cour d'Assises d'Indre-et-Loire, pour sa fameuse et colossale escroquerie dite « l'Affaire des Télégraphes ». Les débats devant le jury de Tours ont tenu quatre séances : 11, 12, 13 et 14 mars 1837.

La cause est complètement relatée dans la *Gazette des tribunaux*, numéros des 10 décembre 1836, 28 janvier 1837 ; 13, 15, 16 et 17 mars 1837. L'acte d'accusation ne comprend pas moins de 1651 lignes et tous nos lecteurs peuvent le consulter à Paris, rue de Richelieu, à la bibliothèque nationale.

.·.

La mère Blanc, née Marie-Charlotte Hensel, femme du tenancier François Blanc, née le 23 septembre 1831 à Friedrichsdorf, landgraviat de Hambourg (Prusse), morte le 25 juillet 1881, à Moutiers (Savoie).

.·.

Le prince Constantin-Vincent-Marie Radziwill, né à Poloneczka, le 31 juillet 1850, marié à Louise Blanc — l'aînée des filles Blanc — le 29 mars 1876.

Pauvre diable qui, par faute d'héritage et par manque de fermiers à exploiter, était incapable de tenir le rang d'un simple gentilhomme et à plus forte raison le rang correspondant à son titre.

C'est Bertora, confident et rabatteur du vieux François, qui découvrit le candidat, qui partageait une misérable chambre meublée, rue d'Anjou, à Paris, avec son frère Dominique.

.·.

Louise-Antoinette Sophie Blanc, aujourd'hui princesse Constantin Radziwill, fille aînée du tenancier François Blanc, repris de justice, se disant née à Monte-Carlo le 8 octobre 1856 en vertu d'un faux acte de naissance monégasque, mais en réalité née à Paris, le 21 novembre 1854 — c'est-à-dire cinq mois après le mariage de ses parents — d'après la déclaration faite à la mairie de l'ancien 1er Arrondissement au moment de sa naissance, acte reconstitué sur les registres de l'état-civil de Paris ; mariée au prince pané Radziwill le 29 mars 1876.

.·.

Edmond Blanc, deuxième enfant du repris de justice, né à Paris le 23 février 1856, franc-fileur du service militaire, s'étant fait, quoique valide, dispenser comme soutien d'un père septuagénaire, pauvre vieillard n'ayant que deux cents millions ; chevalier de la Légion d'honneur par la grâce de Wilson (gendre déshonoré du vieux Grévy) : coût 100.000 francs, versé le 25 octobre 1886), maire de la Celle-Saint-Cloud (Seine-et-Oise) ; marié le 9 janvier 1890 à Alice Marot, du Palais-Royal, député muet de Bagnères-de-Bigorre (Hautes-Pyrénées) de 1893 à 1901.

Invalidé une première fois à la Chambre des Représentants par 278 voix contre 106, après l'admirable discours de M. Jaurès ; il dut reprendre le train pour Bagnères-de-Bigorre et recommencer la campagne de corruption, coût : 200.000 francs.

.·.

Madame Edmond Blanc, née Caroline, Héloïse Marot, dite Alice Marot, du Théâtre du Palais Royal, née à Troyes (Aube) le 13 février 1853 — ex-ouvrière lingère, épouse divorcée de Eugéne Thomas, menuisier, repris de justice.

.·.

Roland Ruflin dit Bonaparte, fils du prince Pierre, (l'assassin de Victor Noir) et de sa bonne, deuxième gendre des Blanc de Monaco, s'intitulant aujourd'hui Prince « Napoléon » Bonaparte, chef de la branche aînée ! Signant « Bonaparte » tout court, né Ruflin en réalité, le 19 mai 1858 à Auteuil-Paris, reconnu et légitimé le 11 novembre 1871 à Bruxelles par le prince Pierre Bonaparte — alors âgé de 56 ans —, marié à Paris le 6 novembre 1880 à Marie-Félix Blanc ; père de la princesse Marie, née à St-Cloud le 2 juillet 1882, héritière Blanc de Monaco.

.·.

Mme Marie-Félix Blanc, la plus jeune fille du tenancier repris de justice, François Blanc, accaparée par les Ruflin-Bonaparte ; née à Paris le 23 décembre 1859 ; mariée le 6 décembre 1880 au prince Roland Ruflin-Bonaparte ; n'a été que vingt mois princesse, morte surnaturellement en un quart d'heure de temps à St Cloud le 1er août 1882, laissant une petite fille d'un mois héritière de son immense part des millions de Monaco.

Allons, Messieurs les Princes à l'affût d'argent, dépêchez-vous, la jeune fille est à marier. Adresse à Paris, Avenue d'Iéna, 10 et à St-Cloud, 7, rue du Mont-Valérien,

.·.

Camille Blanc, un des deux autres fils illégitimes de François Blanc, (fondateur du tripot des Spélugues), et d'une maîtresse ignorée ; il fut cependant reconnu plus tard. Son frère Charles étant mort à Naples en 1884, il est resté seul un des gros actionnaires de Monte-Carlo ; avait en 1895 dix mille actions du Casino émises à 500 francs et valant aujourd'hui 6.890 francs.

Président de l'International Sporting Club de Monaco, n'a pas eu la chance d'être mis au jour par Charlotte Hensel, l'autre maîtresse de François Blanc, laquelle sut se faire épouser par le tenancier célèbre et rêva, une fois veuve, de devenir princesse comme ses filles, mais n'eut pas la chance d'épouser le prince de Rohan, vieux garçon demeurant à Lissa, en Bohême, et complètement étranger à l'illustre famille des Rohan-Chabot de France, sur lequel elle avait jeté son dévolu, mais qui ne voulut point des restes du créateur du tripot monégasque.

.·.

Pierre Bonaparte, l'assassin de Victoir Noir, né à Rome le 11 octobre

1815, mort à Versailles le 7 avril 1881, amant de ses deux bonnes avec lesquelles il partageait sa couche, ce qui lui valut le surnom de Prince sandwich
à la Cour de Napoléon III, par allusion à cette manie dépravée de coucher
entre ses deux bonnes Justine et Elisa, filles d'un ménage de concierges de la
rue de Chaillot, à Paris, après avoir plaqué son ancienne maîtresse, la mère-
concierge de ces intéressantes jeunes filles.

Justine devint mère du triste actionnaire actuel du Casino de Monte-
Carlo et sut se faire épouser à Bruxelles le 11 novembre 1871, après dix-sept
années de services et de concubinage.

Elle avait coutume de dire que pour créer une position à ses enfants,
elle irait chercher de l'argent jusqu'au fond d'une fosse d'aisance.

.'.

Justine Ruflin, dite Nina, fille des époux Julien Ruflin, concierges à
Paris, rue de Chaillot, s'intitulant aujourd'hui « Princesse douairière de la
branche aînée des Bonaparte ! »

Elle est née le 2 juillet 1832, entra en 1854 comme domestique chez le
prince Pierre Bonaparte, célibataire de 39 ans, en sa villa d'Auteuil ; épousée
à Bruxelles par son maître le 11 novembre 1871, après dix-sept années de
services ; veuve au bout de dix ans ; mère de l'intéressant Ruflin-Bonaparte,
deuxième gendre des Blanc de Monaco.

.'.

Christian de Villeneuve, gendre de Nina Ruflin, député de Calvi (Corse)
de 1889 à 1903 ; né à Aix-en-Provence le 8 août 1852, a épousé le 21 mars 1882,
à Paris, Jeanne Ruflin-Bonaparte, sœur de Roland.

.'.

Mme Jeanne Ruflin-Bonaparte, marquise de Villeneuve !!! descendant
des Ruflin, ducs de Pipelet, princes du Cordon, née Ruflin, en sa villa d'Orval
chez le prince Pierre Bonaparte, le 25 septembre 1861, à Villers, devant Orval
(Luxembourg belge) ; reconnue et légitimée dix ans après à Bruxelles, le 11 novembre 1871, mariée à Paris le 21 mars 1882, à un nommé Christian, vicomte
de Villeneuve, la dot étant fournie par Marie-Félix Blanc, héritière de la roulette de Monaco ; l'innocente et gentille jeune femme de Ruflin Bonaparte,
morte mystérieusement, mettons empoisonnée si vous voulez, par Justine
Ruflin, sa belle-mère, le 1er août 1882, à St-Cloud, le soir d'un dîner de famille offert pour célébrer ses relevailles.

. .

Louise-Adèle-Françoise-Marie-Constance-Marcelline Radziwill-Blanc,
née à Monte-Carlo le 9 janvier 1877, fille aînée du prince Radziwill-Roulette,
la seule qui a eu le très grand honneur d'être épousée par Armand de la Rochefoucauld, duc de Bisaccia, fils de M. Sosthène de la Rochefoucauld, duc de
Doudeauville, ancien ambassadeur de France à Londres.

N'est-il pas profondément malheureux de voir les grands seigneurs de
l'époque fermer les yeux devant la honte et permettre à leurs enfants d'épouser
les descendants des bandits du Kursaal de Monaco, uniquement par cupidité.

Aussi, par respect pour les illustres familles françaises auxquelles les

Ruflin-Bonaparte sont alliés par cette union, nous ne citerons pas leurs noms dans cet ouvrage.

Chacune de ces biographies fera l'objet d'une brochure, car seize pages ne sont pas de trop pour éclairer MM. les membres du Parlement sur chacun des propriétaires du tripot monégasque.

Abandonnant momentanément les personnages qui détiennent les neuf dixièmes des actions de la fameuse société anonyme des Bains de Mer de Monaco, nous passerons en revue la clique de sous-pieds de ces messieurs, c'est-à-dire des très humbles courtisans, tous gens tarés, plus bas que terre, et en tête desquels se trouve le triste Georges Bornier.

Celui-ci, actuellement directeur-général de la Société anonyme des Bains de sang et de boüe, demeurant Villa Olga, à Monaco, incarne en sa personne le type le plus parfait du rastaquouère.

Voici le portrait que fait de lui M. Léon Ville, chevalier du Mérite Agricole, officier de l'Instruction publique, deux fois lauréat de la Société d'encouragement au bien, dans une brochure arrêtée après son premier numéro, à Paris, en juin dernier, et intitulée : « Les bandits de Monte-Carlo »

Imaginez-vous un personnage aux allures de marchand de bestiaux, accoutumé de vivre au milieu des ruines et du sang, à l'âme tellement noire que les plus révoltantes infamies ne peuvent l'émouvoir ; ce qui n'est pas étonnant, du reste, car un homme doué de sentiments tant soit peu délicats ou possédant la plus légère propreté morale ne consentirait pas à remplir les répugnantes fonctions de directeur-général d'un tripot aussi tristement célèbre que l'est le Casino de Monte-Carlo.

Une brute inconsciente peut seule assister sans broncher à la perpétuelle succession de vols, de suicides dont il vit et s'engraisse ainsi que toute la bande, depuis le dernier des balayeurs jusqu'à lui.

Georges Bornier est l'ancien secrétaire de M. Dupressoir, qui exploitait les jeux du casino de Bade, avant l'intelligente fermeture de celui-ci, sur l'ordre du gouvernement allemand.

La protection du comte Bertora, ex-président du conseil d'administration de Monte-Carlo — le fameux Bertora qui vient de rendre sa belle âme à Dieu ou plutôt à Satan, et dont les mésaventures épiques resteront légendaires, a permis à Georges Iᵉʳ (car, il dit couramment : Le prince, c'est moi !) de faire rapidement son chemin et de succéder, il y a quelques années, à M. Custot, dans la direction générale de la maison de jeux. M. Custot n'avait fait que passer et il était l'homme du Crédit Lyonnais, lorsque cet établissement de crédit introduisit sur le marché financier les actions de Monte-Carlo.

— Viendront ensuite de très intéressantes révélations sur les trois sous-ordres du sieur Bornier: Je nomme Frédéric Wicht, ancien lieutenant de uhlans prussiens ; Georges Fillhardt et Henri Cabireau, les directeurs du casino, sur le compte desquels nous dirons de jolies et intéressantes choses inédites.

Défileront ensuite L. Maubert, l'homme de toutes les sales besognes ; Georges Iᵉʳ lui en a tant fait voir qu'il en a perdu ses cheveux.

Les deux commissaires portiers-concierges passeront ensuite à l'ordre du jour : j'ai cité Barthélemy et Gérard de Cailleux.

Quelques mots pour finir sur le fameux Charles de la Londe, en trois morceaux, s'il vous plaît — il y tient essentiellement —; grand chef des mouchards, habitant 2, rue Vernier à Nice, ancien commissaire de police de la place Vendôme à Paris, et qui doit sa haute situation (haute est une façon de parler) aux louches complaisances qu'il avait jadis envers M. Camille Blanc, propriétaire du Nouveau Cirque, rue St-Honoré, à Paris, quartier de la place Vendôme. Cette complaisance dont on jasait beaucoup au Nouveau Cirque, étonnait d'autant plus le personnel et les habitués de l'établissement de la rue St-Honoré, que tout le monde savait M. de la Londe dur et cassant, despotique, dépourvu de toute serviabilité. Mais les fonctionnaires les plus arrogants envers les pauvres diables sont souvent de la plus excessive platitude vis-à-vis de ceux qui sont susceptibles de dispenser les faveurs.

Actuellement, en fait de faveurs, ce sont celles des demi-mondaines et grues de tout acabit que Charles recherche. Malheur à celles qui résistent à ce sénile septuagénaire, si elles ne consentent pas à tromper la Madame de la Londe de la main gauche, leur carte d'entrée dans les salons leur est immédiatement retirée. Il est vrai qu'on agirait de la même manière envers elles, si elles sortaient du Casino sans avoir reperdu sur le tapis l'argent que l'Administration leur autorise à voler aux naïfs joueurs momentanément en veine pour l'instant.

Laissons Charles de côté, il nous faudrait 200 pages de ce format pour le dépeindre consciencieusement.

Disons qu'au cours de notre ouvrage, nous publierons la liste des 500 principaux suicides qui ont eu lieu pendant les deux dernières saisons, car il se produit en moyenne 20 morts violentes par mois. Ce chiffre est extrait d'une statistique secrète officielle qui m'a été communiquée par un employé du gouvernement monégasque.

Nous donnerons les dates précises, les noms, nationalités et circonstances principales qui ont entouré ceux-ci.

.·.

La deuxième brochure de cet ouvrage, qui sera mise sous les yeux de tous par les moyens énumérés au commencement de cet ouvrage, contiendra de très curieuses révélations sur le personnel du Casino, l'organisation du service des jeux, les trucs enseignés aux croupiers au cours des six mois d'école qu'ils font dans les sous-sols, les mesures de surveillance dont ils sont eux-mêmes l'objet de la part de pseudo-joueurs jouant avec l'argent du Casino, et surveillés à leur tour par d'autres agents secrets, les fiches secrètes, les trucs de changement de cylindres la nuit, afin de dérouter les combinaisons, les opérations du matin relatives au dépouillement de la cagnotte, la nature du public qu'on coudoie dans les salons ; les fonctions du personnel secondaire qui assiste indirectement le personnel principal chargé de tracasser de mille façons les joueurs, la violation du secret des lettres à Monaco et l'organisation du Cabinet noir.

La description des sous-sols et leurs communications avec les cavernes (Spélugues) sur lesquelles ils sont établis, les précautions de garantie envers la Caisse et les trois sortes d'éclairage, électricité, gaz et huile grasse,

Le détail des bénéfices et dépenses journaliers, l'organisation du service d'espionnage contre la France au profit des pays étrangers, les systèmes et systémiers payés par le Casino pour y ramener les désillusionnés et les victimés qu'ils font ; la description du service des rabatteurs et entraîneurs des deux sexes, l'obligation où la population entière se trouve d'être la complice du Casino, l'organisation d'usuriers moniteurs au trente-et-quarante. L'interdiction d'entrer avec des paquets même au vestiaire par crainte d'une bombe, et l'obligation de les porter en face au vestiaire spécial du café de Paris.

L'hypocrisie avec laquelle on attire des étrangers sous prétexte de fêtes de bienfaisance, l'organisation de trains d'excursion par les grands quotidiens de Paris et dont Monaco seul fait les trois quarts des frais.

La suppression du jeu des petits chevaux à Nice, afin que les nouveaux casinos de Beausoleil aient tous les amateurs de ces jeux à eux seuls.

La description des portes à secret et des portes dissimulées dans les moulures pour cacher instantanément les personnes qui s'empoisonnent à une table de jeu ou qui se brûlent la cervelle, la manière dont les larbins sont stylés pour soutenir debout les cadavres, laissant croire à une indisposition par la chaleur.

Le chauffage à outrance pour empêcher le public de jouer un système de longue haleine ; l'installation :

1o De buvettes dans les salons, afin qu'on ne soit tenté de ne plus rentrer une fois désaltéré au-dehors ;

2o D'un bureau de change pour qu'on puisse à toute heure du jour et de la nuit, changer les billets étrangers et les perdre plus vite ;

3o De water-closets dans des annexes communiquant avec les salons pour ne plus traverser l'atrium et perdre du temps, et pour qu'on s'y suicide au lieu de le faire dans la salle. Les portes de ces water-closets se soulèvent à cet effet pour retirer facilement le cadavre de celui qui s'y est enfermé.

Nous dépeindrons en détail un grand nombre de scènes navrantes où des hommes mariés ou bien des mères de famille ayant perdu jusqu'à leur dernier écu, s'en vont le cœur plein d'amertume, l'âme brisée par le désespoir, chercher dans le suicide l'oubli de leur malheur.

Et pendant ce temps, les actions de la Société des Bains de Mer montent toujours.

La Société des Bains de Mer de Monaco tient essentiellement à ce que le monde s'imagine que ses bénéfices considérables qu'elle ne peut cacher proviennent de ses bains.

Or, il est beau l'établissement de la Société, situé à Larvotto, Boulevard des bas Moulins. Il comprend bien dix-huit à vingt cabines et est moins grand que ceux qui se trouvent sur n'importe quelle plage de la Côte d'Azur.

Imaginez-vous une baraque en planches qui a bien 20 mètres de long sur 4 ou 5 de profondeur, un professeur de natation, un point, c'est tout.

.˙.

Quoique disposant de tous les capitaux nécessaires pour mener à bien la campagne de salubrité publique que nous avons entreprise, nous accepterons néanmoins, afin de donner une vulgarisation et une publicité universelles à cette œuvre d'assainissement et d'épuration, les sommes de quelque valeur qu'elles soient, que nous offriraient les nombreuses personnes ayant été directement ou indirectement victimes des filous qui exploitent l'humanité.

(A suivre)   MAXIME DELATOUR.

Le Gérant : F. GROS — Imp. du Littoral, 4, rue Vernier. — NICE

Dédié à MM. les membres du Parlement Français

LA FIN

DE MONTE-CARLO

Exposé succint, authentique et impartial des crimes de diverse nature dont la principauté de Monaco est journellement le théâtre.

" DELENDA MONACO "

par MAXIME DELATOUR

Publication bi-mensuelle paraissant
le 15 et le 30 de chaque mois

PRIX : 10 CENTIMES

TIRAGE : 100.000 EXEMPLAIRES

LA FIN DE MONTE-CARLO

Ayant prouvé surabondamment dans la première brochure de cet ouvrage que le casino de Monte-Carlo était une calamité publique, contre laquelle il n'est cependant pas impossible de réagir, nous continuerons, au cours de cet opuscule à placer sous les yeux de tous, les procédés des gens sans aveu qui se trouvent à la tête de cette honteuse exploitation de la bêtise humaine.

. .

M. de Gourlet, ancien commissaire central à Lyon et qui pour son malheur avait accepté une position dans le tripot de Monte-Carlo, disait en parlant du casino, à qui voulait l'entendre :

« C'est une société de filous. Il n'existe pas dans le monde entier, de
« bande de coquins mieux organisée pour le dépouillement et mettre à sac les
« voyageurs, que celle qui siège à Monaco. Il n'est pas de qualificatif assez
« énergique à approprier tant aux actionnaires qu'à tous les employés, depuis
« le croupier général *de Thézillat* jusqu'au dernier allumeur de gaz. *Cette*
« *société entière* est infâme.

« La consigne générale de tous, depuis le garçon portier jusqu'aux maî-
« tres d'hôtels, est de surveiller le secret des voyageurs, savoir ce qu'ils disent,
« à qui ils écrivent, s'ils sont gais ou tristes. Ils s'en acquittent en conscience.
« La police est partout....

« Tous les moyens sont bons à ces gens pour déshonorer et dépouiller
« leurs visiteurs.

« Quand je me remémore tout ce que j'ai vu, les ordres que l'on me
« donnait et que je n'exécutais pas, les trouvant iniques, j'en perds encore la
« tête.

« C'est un cauchemar qui me hante et dont j'ai peur.... »

— Cet honnête homme, le seul qui ait appartenu à la Société anonyme des Bains de Mer de Monaco (lisez Tripot de Monte-Carlo), s'est suicidé. Le souvenir des scandaleuses actions qu'on lui a fait commettre lui a fait perdre la raison.

. .

A Monaco, tout est soumis actuellement à l'ignoble Georges Bornier qui parcourt la Principauté et le littoral dans son automobile princière rouge et noire (sang et deuil). L'évêque, la magistrature, la police, l'administration, tout est sous le sceptre de cette immonde créature ! Et dire qu'aucun des innombrables décavés n'a eu le courage, ayant fait le sacrifice de sa vie, de brûler auparavant la cervelle de ce bandit !!! Cet horrible bourreau s'abreuvera donc jusqu'à la fin de ses jours, du sang de ses innocentes victimes, et se délectera du récit de leur effroyable agonie !

Il est regrettable que l'inquisition ait été mise au ban des nations civilisées, sinon la France aurait le devoir d'exiger du Prince la livraison du corps de cet anthropophage nouveau siècle, afin de le donner en pâture à des bêtes féroces.

Tout ce que l'imagination humaine est susceptible d'enfanter est impuissant à dépeindre sous son véritable aspect, le bras droit de M. Camille Blanc !

Bornier trônait encore il y a quelques jours, au banquet offert par l'international-rasta-sporting club aux participants qui ont accompli le parcours automobile offert par ce cercle de grecs, en souvenir de leur victoire.

Le soir même, les neuf dixièmes d'entre eux avaient rendu à la société anonyme de la Roulette, le montant des prix alloués à leurs exploits.

N'en est-il pas de même de tout ce qui est organisé sous les auspices de cette association de scélérats.

Les courses de Nice, le grand carnaval de cette même ville, le tir aux pigeons de Monaco, les courses de canots automobiles, les concours d'élégance et autres, voire même de beauté — concours auquel ne s'inscrira jamais Bornier—, ne sont que prétextes pour amener les pigeons au pays du soleil et de la roulette.

Le célèbre tripot sait bien que les sommes fabuleuses qu'il alloue en prix, lui seront rendues au centuple.

.·.

Nous voici encore une fois en décembre, comme le disait très spirituellement M. Auvray, directeur de *Rouge et Noire*, journal interdit dans la Principauté, parce que cet honnête homme, mort il y a dix-huit mois, avait le courage de ses opinions ; nous voici donc en décembre, disait-il, et la brillante et tragique maison de jeux a fait sa toilette d'hiver plus somptueusement que les années précédentes.

— S'il voyait les agrandissements faits cet été, afin d'ajouter plusieurs tables aux dix-sept de l'an dernier, il bondirait sous sa tombe.

« Le miroir pivote mieux que jamais sur son axe, ajoute-t-il, les chasseurs bien approvisionnés de cartouches, sont à leur poste et attendent le grand passage des alouettes.

Quelques-unes venues en avant-garde ont déjà mordu la poussière — naturellement —, mais les grandes tueries ne commenceront que le mois prochain pour se maintenir à leur maximum de puissance destructive pendant quatre mois !

Nous demandons qu'on écoute cette multitude d'honnêtes gens qui veulent, au nom de l'Humanité, que les pouvoirs publics s'interposent entre les chasseurs et le gibier. Les malheureux inconscients qui vont à la ruine, au déshonneur et à la mort, doivent être protégés même contre leur volonté. Le Gouvernement met la main à tant de choses de moindre importance, qu'il peut bien faire l'effort suffisant pour se débarrasser des louches conseillers qui le circonviennent et rendre à la société, le service de fermer, sans aucun ménagement, cette désastreuse maison de jeu qui est une honte pour la France !

.·.

A Monte-Carlo, les chevaliers d'ordres divers en général, et du rateau en particulier, sont dépourvus de tout sentiment : Il suffit que les caisses de la Société des Bains de Mer de Monaco engloutissent l'argent, peu leur importe sa provenance à ces bandits. Que l'or perdu soit la conséquence de l'assassinat ou du vol, ça leur est bien égal, pourvu qu'il les engraisse.

Bornier n'ignore pas que les liasses de billets de mille empilées sur le tapis vert sont amenées souvent chez lui à la suite de détournements, et que les malheureux qui les y ont apportées seraient restés d'honnêtes gens si le tripot qu'il administre n'existait pas.

Nous savons bien que nous prêcherons dans le désert auprès des personnes possédant encore de solides illusions. Tant qu'elles n'auront pas été personnellement échaudées, ou qu'un membre de leur famille n'aura été par une nuit noire rejoindre ses compagnons de lutte, dans les flancs de la montagne de la Turbie, elles conserveront leur foi, auparavant inébranlable.

Les Blanc, grands détrousseurs décorés (Camille a vu l'an dernier la Légion d'honneur lui échapper, malgré le prix illimité qu'il y consacrait, grâce à la campagne aussi intelligente que désintéressée d'un modeste et courageux journaliste niçois, qui a, du reste, ramassé 8 jours de prison et 200 f. d'amende pour avoir eu le courage d'ouvrir les yeux au conseil de l'Ordre) ; les Blanc, dis-je, ne reculent devant aucun sacrifice pour attirer chez eux, les esprits faibles du monde entier.

Leur devise est : « Semer pour recueillir » ; aucun sol n'est assez aride pour rester stérile, avec de tels artistes.

Ils font valoir dans leurs réclames savantes la tiédeur de la température, le bleu du ciel et de la mer, l'odeur et la vue des plantes et des arbres toujours verts — comme leur tapis —, l'ivresse provoquée par les multiples fleurs toujours épanouies, l'ensemble de cette infinité de merveilles qui vous grisent.

Hélas ! il faut être deux fois fort pour réagir contre ce tableau enchanteur qu'ils font de la Principauté de Monaco !

Combien ils sont adroits, ces saltimbanques, et comme ils ont une parfaite connaissance de la faiblesse humaine....

Nous n'entreprendrons pas ici un plaidoyer contre le jeu, nous savons que c'est inutile : on a joué, on joue et on jouera toujours, mais nous mettons en garde les personnes qui ne peuvent résister au désir d'augmenter les revenus de la bande Blanc, Ruffin-Bonaparte, Radziwill et Cie contre la quantité incommensurable de pièges qui sont tendus à leur crédulité par ces industriels du cylindre et des cartes biseautées à deux sortes de grains — le gros, pour les images et les dix ; le fin pour les points inférieurs à dix —, car les joueurs ignorent probablement, comme ils ignorent tout, pendant qu'il en est encore temps, que le Casino fait fabriquer pour son usage personnel les cartes de trente & quarante, et que personne ne peut toucher à celles-ci, hormis les prestidigitateurs attachés à la maison et qui sont grassement rémunérés par elle.

Faites donc, naïfs joueurs, le jeu de la banque au trente & quarante, c'est-à-dire la contre-partie des tableaux, et vous m'en direz des nouvelles !

Voilà un petit système infaillible que je ne vous vends pas cher, n'est-ce pas : Deux sous, une misère, quoi !

Puisque j'en suis arrivé à parler jeu, un petit conseil encore : « Méfiez-vous de certains bonshommes jouant avec l'argent de la maison et qui espionnent les personnes faisant des progressions violentes. Avant d'être arrivé au maximum, ne vous étonnez pas d'entendre le chef de partie vous dire : Pardon, madame, ou pardon, monsieur, veuillez retirer votre mise, le maximum est atteint. Vous vous imaginez bénévolement que vous vous êtes laissé devancer par un joueur, faisant ainsi que vous un jeu aussi hardi que maladroit ; erreur, cent fois erreur, c'est un des mathématiciens attachés à la maison qui, jouant avec l'argent de celle-ci, a tout bonnement jeté le maximum ou à peu près sur la chance que vous alliez couvrir, afin de vous empêcher de récupérer d'un seul coup, tout l'argent que le tripot vous avait ratissé. En cas de doute sur la chance à miser, un autre compère de la maison a posé une mise sensiblement égale sur la chance simple exclusive de celle du premier compère.

Le tour est joué, et le lugubre Maubert, directeur des filouteries, auquel on raconte le tour, se tord et court chez Bornier lui annoncer la vilaine blague qu'on vous a faite.

Ceci est un des mille trucs employés par les sinistres délégués des Blanc, afin de faire valoir leurs mérites d'apaches.

La ruse qui consiste à jeter une pièce dans le cylindre quand la bille est venue se loger dans la case d'un numéro couvert ainsi que ses chances au maximum, est tellement commune qu'elle soulève plus d'une fois des murmures d'indignation.

En effet, dès qu'une pièce tombe dans le cylindre, la bande des ratisseurs hurle lamentablement : « Rien ne va, messieurs », et relançant la bille, ils ajoutent ironiquement : « Tout va, messieurs » ; ce serait bien extraordinaire pour ces filous, que la bille aille se renicher dans la même case fortement chargée...

Etonnez-vous qu'avec de tels procédés on se suicide avec entrain.

Je n'exagère pas, Monte-Carlo avoue tacitement 5 à 6 suicides par mois ; or, il y en a 5 à 6 par semaine. Le cimetière des suicidés, comme on l'appelle, et qui se trouve dans le coin gauche supérieur du cimetière de Monaco, est un enclos de 25 à 30 mètres carrés, au fond et au milieu duquel s'élèvent deux tombes. Sur l'une d'elles on lit : « A mon ami », et une couronne pitoyable, tant elle a subi les assauts du temps, entoure la croix.

L'autre tombe est contre le mur de droite, adossé à La Turbie, une carte de visite d'un architecte y est épinglée, et c'est tout.

Aux yeux du profane qui conduit ses pas vers la demeure dernière des Monégasques, le jour où il se trouve hanté d'idées plutôt sombres, ces deux tombes qu'un gardien complaisant montre d'un air attendri, constituent tout ce que le tripot a fait de victimes.

Qu'ils interrogent les flancs de la montagne, et elle répondra : « Si je devais rendre ce qui m'a été confié par la Société anonyme des Bains de sang de Monaco, en empilant les victimes de ces vingt dernières années, vous dépasseriez le volume et la hauteur de la Tour Eiffel !

La mort seule ne débarrasse pas les Blanc et Cie du corps de ceux qu'ils ont cyniquement dépouillés ; la folie a sa part...

Faites-vous introduire à l'asile d'aliénés de St-Pons à Nice, et vous y verrez un commerçant parisien, jadis riche et considéré, qui depuis 13 ans, fait dans une cage de fer construite à son usage, des bonds formidables. Il ressemble à une bête féroce, et on lui sert à manger par une ouverture ménagée dans le plafond de sa cage ; personne n'ose l'approcher. Il doit cette jolie situation au tripot monégasque qui a englouti sa fortune et son honneur, car ... mais je me tairai devant l'étendue de son malheur.

Une autre pensionnaire de la même maison de santé est une ex-rentière qui à présent se montre satisfaite de compter sur le sable, les petits ronds que le soleil forme à travers les feuilles des arbres ; elle s'imagine compter ses anciens louis qui sont actuellement engloutis par le trop célèbre tripot, et cette même pauvre vieille est inabordable les rares jours où les nuages cachant les rayons solaires, empêchent ceux-ci de projeter ses louis sur le sol !...

Un exemple aussi navrant que les précédents est d'actualité toute récente.

Je fais allusion à l'infortunée Mme Léon Ville, femme du littérateur parisien bien connu qui, à la suite des conséquences de l'ignoble vol dont elle a été victime le 28 avril dernier, grâce à la complicité des agents du Casino, a failli perdre la raison, après avoir été entraînée dans les sous-sols du casino où elle pensa être assommée par les apaches attachés au service spécial inauguré par le prédécesseur de Bornier et renforcé par celui-ci.

..

Les pick-pockets ont libre accès dans les salons du casino. Celui-ci sait bien qu'ils perdront sur le tapis l'argent volé aux joueurs, argent que ceux-ci n'auraient peut-être pas exposé pour une raison quelconque.

Il suffit d'être bien frusqué et de présenter une carte de visite parée d'un nom ronflant, pour avoir accès aux salles de jeu, sans aucune autre formalité.

Le vol scandaleux dont a été victime l'an dernier, un grand personnage russe que je connais personnellement et qui habite un grand hôtel du boulevard Victor-Hugo à Nice, en est la preuve.

Il avait 3.000 francs à rouge au trente & quarante ; rouge gagne, et à peine le paiement était-il fait que l'escroc de ce monsieur, dont je tiens le nom à la disposition des incrédules, ramasse les 3.000 plus 3.000, c'est-à-dire 6.000 francs et s'éloigne d'un air satisfait.

Exclamations, cris du Russe ; on empoigne le filou et on lui retire sa carte d'entrée. Et qu'aperçoit notre Russe, en face de lui le mois suivant ? son propre voleur. Il en témoigne immédiatement son étonnement et son indignation ; mais un inspecteur lui répond d'un ton paternel : « Que voulez-vous, il est venu nous trouver, disant qu'il n'acceptait pas son expulsion, attendu que les 6.000 francs lui appartenaient et qu'il était aussi croyable que vous». De plus, ajoute l'inspecteur, nous aurions fort à faire d'expulser des salons les voleurs qui composent les 3/4 des joueurs.

Il aurait pu ajouter : « Du reste, on ne poursuit jamais dans la Principauté, pour un délit semblable, attendu que l'industrie du pays, c'est le vol !! Témoin l'ex-femme de chambre de l'infortunée comtesse de Lagrange qui vient de mourir tragiquement à Cimiez, et qui ayant obtenu de la comtesse un jour de congé, le mit à profit pour soulever, dans les salles de jeu, le sac à main en or enrichi de pierreries, orné en outre de 12 billets de mille, appartenant à une joueuse ; et qui, rattrapée à la gare de Monte-Carlo, pour la forme bien entendu — la volée ayant fait un tapage infernal — fut remise en liberté après un simulacre de 10 jours de détention.

.*.

On devrait obliger le casino à mettre sous les pancartes, prévenant les chauffeurs d'automobiles de ne faire que 12 kilomètres à l'heure dans la Principauté (quoique Bornier et la bande Blanc fassent couramment du 60, sous les courbettes savantes des flics et des 58 carabiniers), l'avis suivant :

« Gare aux poches ! Méfiez-vous des pick-pockets »

Mais ce serait un comble, n'est-ce pas, une telle recommandation émanant des pirates qui administrent le lopin de terre monégasque.

Les voleurs sont d'autant plus hardis que l'impunité leur est assurée.

Croyez-vous que les mouchards du commissariat spécial, de service à la gare de Monte-Carlo, mettent la main au collet des filous qui leur sont signalés et dont ils possèdent jusqu'à la photographie !

Erreur profonde.

Je les ai vu suivre jusque dans les salons les escrocs en question, et ne les arrêter que lorsqu'ils avaient laissé sur le tapis vert l'or sentant à cent mètres l'assassinat ou le vol dont il provenait. Sans pitié, lorsqu'ils sont décavés, on les livre alors au gouvernement qui les réclame.

Jugez vous-mêmes, lecteurs impartiaux auxquels je m'adresse, du cas de ce noble hidalgo, attaché d'ambassade réclamé en vain il y a six mois par la Sûreté de Paris, pour captation d'héritage de deux jeunes filles dont il avait été nommé tuteur, et dont le gouvernement monégasque a facilité la fuite en Espagne, après lui avoir donné le temps de perdre au jeu les 225,000 francs volés à ces jeunes filles.

Je n'en finirais plus si je devais décrire avec preuves à l'appui les mille tours de coquins patronnés par Georges Bornier, grand protecteur des chenapans ; qui se ressemble s'assemble et se soutient, pourrait-on ajouter.

.*.

Le chapitre des suicides fera l'objet d'un article spécial dans le n° 3 qui paraîtra le 15 janvier. Je montrerai avec quel soupir de soulagement on ratisse la terre sur le cadavre des malheureux, comme de leur vivant on ratissait leur or sur le tapis,

.*.

La Société des Bains de Mer de Monaco tient essentiellement, avons-nous dit, à ce que ses bénéfices considérables qu'elle ne peut cacher, proviennent de ses bains.

Or, il est beau l'établissement de la Société, situé à Larvotto, Boulevard des bas Moulins. Il comprend bien dix-huit à vingt cabines et est moins grand que ceux qui se trouvent sur n'importe quelle plage de la Côte d'Azur.

Imaginez-vous une baraque en planches qui a bien 20 mètres de long sur 4 ou 5 de profondeur, un professeur de natation, un point, c'est tout.

Cependant la Société anonyme des Bains de Mer de Monaco accuse 60.000.000 de bénéfices par an, dont 45.000.000 sont fournis par la saison d'hiver, — l'eau pendant cette époque, a bien 3 ou 4 degrés de température, entre parenthèses.

Eh bien, comme il passe environ un million de visiteurs pendant les trois mois de grande saison, et que le prix moyen est de 1 franc par bain, faites la division ; il en ressortirait que l'on prend pendant cette période 45.000.000 de bains. Cela représente 500.000 bains par jour, et comme on ne peut se baigner effectivement qu'entre 9 et 4 heures, soit pendant 7 heures, cela ferait 70.000 personnes environ se trouvent dans l'eau en même temps et se partageant les 20 cabines de 2 mètres carrés, soit 3.500 personnes se trouvant simultanément dans une cabine.

Quelle belle chose que le calcul, et dire qu'il n'est pas parvenu malgré les lumières de Pascal, Bertrand et autres grands mathématiciens, à engendrer le système infaillible.

Les Blanc, Radziwill et Cie ont été plus forts qu'eux ; ils l'ont trouvé, eux, le bon système.

Non, les bénéfices proviennent, vous le savez tous, de l'impossibilité de gagner en attaquant la banque, et de son *refait* qui à lui seul rapporte 20.000.000 par an...

Et un petit calcul bien simple va édifier les personnes les plus réfractaires à se rendre à l'évidence.

En saison il y a dix-sept tables, 12 de roulette et 5 de trente & quarante. Or, la roulette a 36 numéros et 1 zéro ; donc, le zéro sortant normalement une fois tous les 37 coups et râflant tout ce qu'il y a sur les tapis aux chances multiples et la moitié aux chances simples, c'est à très peu de choses près — 17 étant presque la moitié de 37 — comme si la banque encaissait tout ce qu'il y a sur toutes les tables tous les 37 coups, ou sur une table tous les 2 coups. Donc, elle a pour elle à chaque coup, inévitablement, indubitablement, fatalement, la moitié de tout ce qui se trouve sur une table quelconque à chaque coup. Et comme on donne en moyenne 400 coups à jouer par jour, cela fait pendant l'hiver 166.000 francs de cagnotte journellement, la moyenne des recettes de l'hiver dernier ayant été de 450 à 460.000 francs, on voit que les joueurs perdent, outre l'impôt le zéro, 300.000 francs par jour.

.·.

Je ne puis passer sous silence l'institution des viatiques. En voilà une invention des Blanc qui n'a pas été précisément créée dans un but humanitaire, loin de là, elle sert tout bonnement à débarrasser la Principauté d'une quantité innombrable de décavés qui se trouvant en panne feraient ressembler en peu de temps le territoire monégasque à une vaste cour des miracles ; car les malheureux rincés comme un verre à bière par les ratisseurs de Bornier, verraient sous peu leurs vêtements s'user ; et je vous prie de croire que sous leurs hardes sordides ils présenteraient un triste spectacle à offrir aux arrivants, auxquels cette exhibition donnerait à réfléchir...

Le budget des viatiques, autrement dit secours de route, figure actuellement sur les livres du Lupanar pour une somme de 4.500.000 francs, et la moyenne des sommes allouées actuellement étant de 150 francs par personne, en effectuant la division de 4.500,000 par 150, vous trouverez sans peine que cela représente trente mille personnes détroussées annuellement, jusqu'à leur dernier sou.

Ne vous imaginez pas qu'on vous allonge d'un geste noble ces 150 fr., on vous prend votre billet à la gare et au moment de vous pousser dans le train, on vous jette à la face les quelques francs indispensables pour ne pas tomber d'inanition en route.

Sur ces 3o.ooo décavés, un grand nombre feront les quatre cents coups pour se procurer à nouveau de l'argent, se creuseront la tête et pâliront sur des permanences publiées par des journaux spéciaux, afin d'augmenter une fois de plus les revenus de la sinistre bande qui administre le casino de Monte-Carlo.

Les salles de jeu de Monaco jouissent actuellement d'une réputation absolument déplorable. Une personne tant soit peu comme il faut rougit de coudoyer cent fois par heure les escrocs, chevaliers d'industrie et filles publiques en rupture de lupanar du monde entier.

Malheur aux jeunes gens en goguette qui s'offrent une partie de plaisir en compagnie d'une des grues convoitées par le mouchard chef, Charles de la Londe. Le viveur et la grue sont expulsés temporairement des salons.

Une des mouchardes actuelles a manqué de perdre sa jolie situation pour avoir, en avril dernier, fait des infidélités à cet ancien magistrat.

Elle a été plus heureuse que Marcelle de R..., habitant rue Clauzel, à Paris, à qui Charles n'a jamais pardonné une petite escapade ; aussi, devra-t-elle tirer ses ressources des boulevards, de Paris cet hiver.

N'est-il pas profondément écœurant de voir un tel personnage à la tête du service de surveillance du casino.

Je disais dans la première brochure de cet ouvrage qu'on achevait dans les sous-sols les suicidés mourants, et une des meilleures preuves de ce, que j'avance est celle ci :

M. Paul R..., qui collaborait à un journal de Paris, ayant été huit mois en traitement à l'hôpital de Monaco, afin de s'y faire soigner une douloureuse entorse, n'a jamais vu entrer pendant ce laps de temps un seul blessé ou empoisonné agonisant ou à demi-mourant. — Et cependant, nous savons tous que 5 fois sur 10 seulement, les personnes qui attentent à leurs jours n'arrivent pas à leur but immédiatement. Or, on ne vous laisse guère le temps de vous tirer plus d'un coup de revolver au casino, cela ne fait déjà que trop de tapage ; par conséquent, comme il y a environ 5 suicides par semaine à Monaco, où sont soignées les personnes qui ne se sont pas tuées du premier coup? Dans les sous-sols, pardi, mais d'une singulière façon ! Vous la devinez, n'est-ce pas, amis lecteurs.

Elles sont d'abord, en guise de soins, sérieusement passées à tabac, quoique la plupart du temps assez sérieusement blessées, et on n'ignore plus aujourd'hui comment s'achève la... guérison...

Je publierai, au sujet du passage à tabac quelques notes copiées textuellement dans le très intéressant ouvrage acheté en bloc par le casino l'an dernier, intitulé « Mémoires d'un policier ».

L'auteur, qui est un ancien inspecteur de la Sûreté de Paris, a appartenu pendant plusieurs années à la police secrète du casino.

Une personne qui peut se vanter d'avoir de la chance, c'est Mme Léon Ville, qui a pu sortir vivante des sous-sols où elle avait été entraînée le 28 avril dernier, après avoir été détroussée de ses 9'000 francs par la bande Camille Blanc.

Les apaches qui l'escortaient ont sans doute manqué de cœur au dernier moment (une fois n'est pas coutume), car ils sont rares ceux qui sortent des des sous-sols du casino de Monte-Carlo autrement que dans une boîte de sapin.

Ces actes de honteux brigandage ne s'exécutent pas toujours à l'abri des regards indiscrets. La meilleure preuve en est que M. Léon Ville a été entouré, la semaine dernière, sur le chemin de Beaulieu à St-Jean, en pleine France, par quatre individus, qui n'ont reculé que devant l'attitude résolue de M. Léon Ville qui allait les descendre impitoyablement à coups de révolver. Cela prouve surabondamment que le premier numéro de son journal « *LE CORSAIRE* » a porté ses fruits. Le casino est littéralement sens dessus dessous depuis que les actes de brigandage dont se rendent coupables les agents des Blanc et Cie ont été portés à la connaissance du monde civilisé, par ce courageux écrivain.

Avant de prendre congé de nos lecteurs pendant quinze jours, le n° 3 devant paraître le 15 janvier 1907, je vais leur servir en guise de divertissement quelques notes biographiques supplémentaires relatives à la *jolie famille* Blanc, d'après les documents authentiques parus dans l'admirable étude faite sur elle par M. P. Dumont, dans son remarquable ouvrage intitulé « *Le Prince rouge et noir, et sa cour* ».

Ce livre absolument introuvable aujourd'hui — Monaco ayant, comme toujours, tout fait acheter par ses agents secrets — a valu à son auteur 8 mois de prison et 2.000 francs d'amende pour avoir, comme nous, osé dire la vérité.

Le père Blanc avons nous dit a eu de deux de ses inombrables maîtresses cinq enfants.

Louise, Edmond et Marie de Charlotte Henzel, qu'il épousa alors qu'elle était enceinte de Louise ; et Charles et Camille qu'il fabriqua à une des autres.

Tous nos lecteurs auront remarqué à la lecture du n° 1 de « La Fin de Monte-Carlo », que gendres et brus formaient une jolie bande de chenapans. D'honnêtes gens ne pouvaient évidemment entrer dans cette famille de filous, ou en sortir.

Charles et Camille ont été reconnus plus tard, tous les héros du tripot monégasque furent enfants naturels ou en eurent selon que leurs parents ou eux-mêmes régularisèrent des situations faussées par des maîtresses.

C'est de l'hérédité à haute dose.

Charles fut la victime de la famille.

La mère Blanc née Charlotte Henzel, dont il n'était pas le fils le haïssait profondément.

Plus mal vêtu que le plus humble de leurs valets, on le relegua à l'office, jamais Edmond ne consentit à manger à la même table que lui. Le pauvre garçon fut tellement persécuté qu'à l'âge de 18 ans il se trouvait dans un état voisin de l'idiotie, on désirait ardemment sa mort.

Vers l'âge de 20 ans un coiffeur de la rue du 29 juillet à Paris lui fit faire la connaissance d'une petite amie qu'il épousa et qui le soigna avec dévouement. Il faut cependant rendre hommage ici à Camille Blanc qui n'étant pas encore très riche à cette époque n'eut pas la cruauté de son.1½ frère Edmond et aida quelque peu son frère Charles.

On dirigea le malheureux garçon vers le midi, et l'affreuse Charlotte Henzel n'eut pas la joie de voir mourir Charles car elle le précéda dans le tombe.

Le frère de Camille mourut à Naples en 1884.

Camille Blanc que Charlotte Henzel, la maîtresse épousée par son père, ne pouvait souffrir plus que Charles sut mieux que ce dernier tenir tête à la marâtre, mais cela a manqué de lui couter cher, car lorsqu'il tomba gravement malade, atteint de la fièvre typhoïde, la mère Blanc rémunéra grassement deux docteurs dans le but de le faire trépasser.

Heureusement pour lui, sa maîtresse, femme de cœur celle-là, vit clair dans le jeu de la vieille, et il.... les deux médecins à la porte. Le praticien qu'elle choisit déclare que le traitement ordonné par les deux autres était de nature à conduire Camille Blanc en ligne droite au tombeau.

Il fut soigné par son amie, avec un dévouement digne d'éloges et fut sauvé. En témoignage de reconnaissance il l'épousa.

Quand Camille perdit son père, il fit immédiatement poser les scellés à l'appartement de la rue de Rivoli, mais la vieille rusée avait déjà mis en lieu sur, à la Banque de France, pour 15 millions de bijoux.

Comme on le voit, c'était une fieffée voleuse, car c'est autant qu'elle raflait à la succession et dont Camille était refait au prorata du partage.

Cependant ne le plaignez pas, sa valeur morale et son honnêteté sont plus que faisandées.

Le fait de conserver Bornier comme directeur général du Casino, Maubert comme directeur de jeux et de la Londe comme inspecteur général, en sont une indiscutable preuve.

Toutefois les lauriers d'Edmond l'empêchent de dormir, maire comme lui d'une commune de France, la légion d'honneur le travaille, mais je doute fort que la grande chancellerie se laisse rouler à nouveau.

On le connaît à présent le truc de se faire passer pour éleveur, ils font surtout l'élevage de moutons à l'intention du tripot monégasque, mais ce titre ne suffit pas et c'est assez d'avoir décoré une fois la roulette, sans vouloir faire figurer la plus haute distinction Française sur le dos des cartes du trente et quarante.

Edmond ne pouvant plus faire saigner les joueurs, éprouva le besoin de faire saigner sa boutonnière. Camille espère arriver au même résultat. Heureusement que le Directeur du journal de Nice a déjoué ses projets, et nous sommes là pour y veiller.

Le cadre de cet ouvrage ne nous permet pas d'en dire plus long aujourd'hui sur Edmond et Camille Blanc et les leurs, il faut bien quelque peu varier les plaisirs et présenter les autres héros du tripot à nos lecteurs.

Revenons-en au prince Radziwill et au prince (!) Napoléon Ruflin Bonaparte.

Est-ce par courtisannerie envers le prince de Monaco ou bien ne se trouvait-il pas suffisamment taré, mais toujours est-il que Constantin Radziwill continue à pratiquer les mêmes habitudes honteuses que le faux Grimaldi Albert Gouyon.

On croyait que le mariage aurait guéri Constantin de sa triste pédérastie, il n'en fut rien. Ses valets de chambre *à tout faire* que la Princesse Radziwill (née Louise Blanc) chasse chaque fois qu'ils prennent la place qui lui revient, de par le mariage, reçoivent 25000 francs de gratification pour prix de leur silence.

Un de ceux-ci Auguste D... était très joli garçon, Constantin Radziwill en était tellement amoureux qu'il le couvrait de bijoux de grand prix. Cet amour du prince causa à Paris un scandale énorme.

Auguste D.. dut quitter son amant princier et avec les 25000 francs de viatique, acheta à Vernon, sa ville natale, un fond de commerce dans lequel il se ruina.

Il a repris le métier que lui a appris son ancien maître et l'exploite actuellement avec succès en Angleterre.

Quant à Roland Ruflin-Bonaparte, s'il a eu le bonheur de voir le jour et les millions de Marie Félix Blanc, c'est grâce au médecin de l'Etat-civil de Paris qui ne se cacha pas de dire au prince Pierre Bonaparte, l'assassin de Victor-Noir : — Voici le 4ème, il est solide, j'espère qu'il vivra celui-là, n'est-ce pas.

Justine Ruflin comprit l'observation. Elle sentit qu'il était temps de fermer sa manufacture d'anges. et, Roland Bonaparte vécut.

Une belle créature aussi que la Ruflin, bonne pendant 17 ans chez son maître et amant Pierre Bonaparte, en même temps que sa sœur Elisa, et que sa mère, cuisinière et maîtresse également de l'assassin.

Elle était mariée cependant, mais le papa Ruflin qui était ouvrier plombier au Mans avant d'être concierge rue de Chaillot à Paris, vécut en rentier, le père de Roland Bonaparte lui ayant fait une *rente* de 5 francs par jour, en récompense de ses bons et loyaux services de complaisance, Il n'y a pas à dire mais il faut être doué d'une rude couche de honte pour prostituer silmutanément sa femme et ses deux filles à un même individu,

Pierre Bonaparte — un rude lapin. — rendit Elisa également mère, mais il s'en débarrassa aussitôt en lui faisant épouser en 1869 un gabelou de la barrière de Billancourt, nommé Baudin, et le pauvre gosse fut porté à l'hôpital des enfants trouvés.

Roland Ruflin Bonaparte, fils d'assassin et de faussaire, fils de drôlesse et d'escroqueuse ; il est ce qu'ils furent ; il est ce qu'il est : rameau pourri du bonapartisme, avili par la canaille.

⁎ ⁎

Nous remercions vivement les nombreuses personnes qui nous ont envoyé des lettres de félicitations et d'encouragement, Nous n'en remercions pas moins le généreux anonyme étranger qui a bien voulu coopérer pécuniairement à l'œuvre d'assainissement et d'épuration que nous avons entreprise, en suite du vœu qu'il avait formé de venger la disparition de son père à Monaco.

Nous nous permettrons de faire remarquer que notre première brochure a produit ses fruits :

D'abord, les actions de Monaco sont tombées de 450 francs depuis le début de notre campagne.

Les actions qui étaient au début de notre campagne à 6.678 francs, sont tombées en trois jours à 6.204 francs,

La famille Blanc et Cie s'est empressée de faire acheter en masse ; néanmoins, les cours ne se relèvent que faiblement, car le public commence à voir clair, et se rend parfaitement compte que Monte-Carlo a *vécu* ; les actionnaires primitifs ne perdront pas tout, car ayant acheté les titres à 500 francs, lors de l'émission, en vertu d'une réserve de garantie, ceux-ci seront toujours remboursés à 850 francs. Mais quelle débâcle pour les personnes qui ont acheté les actions à près de 7.000 francs, de perdre 90 o|o de leur capital.

Le Panama n'aura pas produit un tel désastre !

Ensuite, des ordres extraordinairement sévères ont été donnés pour qu'on refuse l'entrée des salons aux Niçois. Deux commerçants de cette ville qui avaient obtenu du casino le droit de se décaver, se sont vus retirer leur carte d'entrée la semaine dernière.

En troisième lieu, un journal au mieux avec le casino de Monte-Carlo a dù être prié par la Maison de jeux de rassurer le public ému par nos divulgations, car il annonce que depuis trois jours les plus fins limiers de la police de Monte-Carlo sont venus renforcer les agents de la Sûreté à Nice pour dénicher les auteurs d'un complot qui a été découvert — comme toujours — par le plus grand des hasards.

Le journal en question ajoute que le complot est éventé et qu'on est sur la trace des « Italiens » qui devaient faire éclater des pétards dans les salons de la *la plus grande Maison de jeux du littoral* afin de provoquer le désarroi parmi les joueurs et faire main basse sur l'argent.

Il dit que toutes les mesures sont prises afin d'éviter semblable tentative et que l'on doit laisser de côté tous les jabotages où l'on parlait de *dynamite, de faire sauter*, etc.

Puisse notre confrère être dans le vrai, nous le souhaitons vivement et toute personne de cœur pensera comme nous.

Et pour finir, vous avez tous lu plus haut le récit de l'ignoble attentat dont M. Léon Ville, directeur du « Corsaire », a manqué d'être victime à St-Jean - Beaulieu - par des gredins dont les patrons pourraient être facilement nommés.

Nous continuerons avec plus d'acharnement que jamais notre campagne.

Nous nous sommes assurés le concours d'une escouade de camelots parisiens qui, pendant toute la période des courses crieront « LA FIN DE MONTE-CARLO aux endroits les plus fréquentés de Nice et aux portes de l'hippodrome du Var.

(*A suivre*) Maxime Delatour.

Le Gérant: F. GROS — Imp. du Littoral, 4, rue Vernier. — NICE

Dédié à MM. les membres du Parlement Français

LA FIN
DE MONTE-CARLO

Exposé succint, authentique et impartial des crimes de diverse nature dont la principauté de Monaco est jour‑ nellement le théâtre.

"DELENDA MONACO"

par MAXIME DELATOUR

Publication bi‑mensuelle paraissant
le 15 et le 30 de chaque mois

PRIX : 10 CENTIMES

TIRAGE : 100.000 EXEMPLAIRES

LA FIN DE MONTE-CARLO

Les deux premières brochures de cet ouvrage ayant obtenu un succès extraordinaire, un nombre considérable de personnes nous ayant prié de n'abandonner à aucun prix notre campagne, et tous les exemplaires mis en vente sur la voie publique, ayant été littéralement enlevés, — non par les agents secrets de Monte-Carlo — mais par les innombrables habitués du casino et par toutes les victimes du tripot, qui dans leur for intérieur, se doutaient bien qu'elles avaient été très adroitement échaudées à Monaco, nous avons l'honneur de faire savoir que nous poursuivrons jusqu'au bout l'œuvre d'épuration que nous avons entreprise.

Ni les citations directes à comparaître en police correctionnelle dont la famille Blanc nous menace, ni la surveillance occulte des mouchards de Monte-Carlo dont nous sommes l'objet, ni les tentatives d'assassinat auxquelles nous nous exposons, ne nous arrêteront.

En conséquence, nous retournons aux nombreuses personnes qui ont cru devoir s'abonner à « La Fin de Monte-Carlo », les sommes versées par elles à cet effet. Nous leur enverrons à titre gracieux les divers numéros de cet ouvrage auquel elles paraissent attacher tant d'intérêt.

Encore une fois merci à tous, des encouragements divers qu'ils nous prodiguent et merci en particulier au généreux autrichien qui nous a fait parvenir un chèque très important, lundi 31 décembre dernier, en témoignage de reconnaissance. Nous ajouterons cette jolie somme aux autres, de moindre importance reçues à ce jour. — Que tous aient confiance en nous, sous quelque forme que ce soit.

Semblables à une torpille flottante, nous n'abandonnerons le cuirassé monégasque que lorsque nous l'aurons fait sauter.

.˙.

Les successeurs, enfants et gendres du père Blanc, savent bien qu'on ne prend rien au sérieux dans ce beau pays de France, comme dit la chanson.

Et c'est de notre légèreté que les enfants, après le père, profitent pour drainer dans leurs coffres les capitaux des deux mondes. Ils savent bien que trop crédule quand il s'agit de vétilles, le Français n'ajoute foi à rien lorsqu'il est question de péril national. S'il s'en occupe, c'est pour hausser les épaules.

A notre humble avis, c'est un grand tort, et de scandaleuses actions comme il s'en passe à Monaco devraient ouvrir les yeux aux pouvoirs publics.

Bien coupables les communiqués officieux — payés fort cher à de grands journaux qui n'ont pour mission que de jeter le trouble et le doute dans l'esprit du public.

Généralement, le courageux écrivain qui, au mépris de sa vie, a ouvert les yeux aux personnes intelligentes, finit par être soupçonné de chantage, et les voleurs dont il a signalé ouvertement les louches agissements, continuent à être salués chapeau bas !

Plus que jamais l'intelligence et la loyauté, ces deux puissances, sont en lutte ouverte avec l'or, la suprême puissance de notre époque, où tout est à l'encan.

Si vous êtes insensible aux billets de mille que vous offre la Société anonyme des Bains de Sang de Monaco, pour ne pas divulguer les infamies dont vous avez pu être témoin, la bande Blanc et Cie répandra habituellement le bruit que vous agissez dans un but de « chantage », et une fois de plus, l'or aura vaincu l'honnêteté.

Malheureusement, le public ne croira jamais que vous pouvez avoir raison, à vous seul, quand vingt feuilles réputées honnêtes ont l'air de vous donner tort.

Néanmoins, nous continuerons à fournir, à la France en particulier et au monde entier en général, des preuves telles que tous finiront par dire :

« Après tout, c'est fort probablement vrai ! »

Hélas, à Monaco plus que partout ailleurs, cette sentence est profondément exacte.

A l'œuvre on connaît l'artisan.

En effet, quels peuvent être les artisans de cette œuvre infernale, et au suprême degré, malsaine, qui ruine et désole les familles, et qui amène avec son cortège de faux, d'escroqueries et de vols, le suicide ou la mort du malheureux joueur dépouillé ?

Des gens qui vivent de la ruine d'autrui sont-ils honnêtes ?

Les Blanc, Radziwill, Ruffin-Bonaparte méritent-ils d'être laissés au repos ? Le comité de l'hygiène publique s'occupe des maladies contagieuses. S'il est une œuvre d'assainissement, n'est-ce pas la suppression du Tripot de Monte-Carlo ?

L'hygiène publique est en jeu. Que le Parlement français se mette à l'ouvrage et supprime l'épidémie en supprimant ceux qui la propagent.

N'oublions pas toutefois qu'à l'Etranger on sait que le protectorat de Monaco n'est que théorique, mais qu'en réalité la Principauté est *terre française.*

N'oublions pas que de tous les Etats civilisés, le Gouvernement français est le seul qui tolère *chez lui* la roulette et le trente-et-quarante.

Le jour où il daignera fermer Monte-Carlo, le *monde entier* l'en félicitera.

C'est la honte du siècle, ce tripot où, chaque année, s'évanouissent sur les tapis verts, pour enrichir quelques forbans sans scrupules, une centaine de millions de l'épargne publique.

Il est temps que cette honte nous soit épargnée !

La Principauté de Monaco est encore actuellement, ce qu'elle n'a cessé d'être depuis 33 ans, un véritable repaire de bandits.

Aucun pays du monde ne voulut donner l'hospitalité au tripot. Il était réservé au règne de Napoléon III d'accepter cette honte.

Sedan et Monte-Carlo devraient être gravés sur sa tombe.

Les chenapans qui dirigent le Casino n'ont même pas le courage des bandits de grand chemin qui, en détroussant les passants, risquent en quelque sorte leur vie ; à Monaco, les Blanc risquent uniquement celle des autres ! Ils sont sûrs de leur peau, les joueurs sont trop lâches !!!

Nous prêcherons la croisade contre ces *sans-patric*, épaves de la société qui les réprouve, d'un pays qui les renie, du monde entier qui les hait..,

Si à la lecture de ce modeste ouvrage, le lecteur conserve encore quelques illusions ou quelque doute, il est digne de s'associer à la famille Blanc ; s'il continue à leur abandonner le pain de ses enfants, nous ne le plaindrons pas.

Il continuera à être volé ; c'est tout ce qu'il mérite.

Mais nous ne croyons pas l'humanité atteinte d'un tel degré de cécité, et les honnêtes gens, formant heureusement la grande majorité de ce monde, finiront sûrement par se liguer pour obtenir la fermeture de l'immonde tripot monégasque !

Arrivons à la suite des faits.

Nous avons promis, pour le numéro 3, la description d'une scène de passage à tabac, extraite des «Mémoires d'un Policier secret de Monte-Carlo».

La voici :

Les attributions du chef du commissariat spécial, dirigé par M. Barthélémy, sont multiples. Il a sous ses ordres le personnel des surveillants des salons et celui du contrôle des portes.

Comme commissaire spécial de Monte-Carlo, il est chef de la police du casino. En cette qualité il est magistrat et a droit de verbaliser.

Ce sont les agents du commissariat spécial qui ont pour mission de passer à tabac les joueurs récalcitrants qui ne savent pas perdre leur argent sans protester un peu, surtout quand ils s'aperçoivent qu'ils ont été..... refaits.

Un mot, en passant, de ce passage à tabac dont ne se doutent guère la plupart des visiteurs du casino.

Quand un ponte décavé se permet d'élever la voix dans les salons, les surveillants qu'on désigne sous le nom de *gardes de l'intérieur*, s'emparent de ce protestataire et le conduisent au commissariat spécial.

Aux débuts du casino, pour éviter tout esclandre et toute réclamation, on se contentait d'admonester le ponte récalcitrant et on le faisait filer, en ayant soin de prendre son signalement pour que l'accès de Monte-Carlo lui fut désormais interdit.

Mais à mesure que l'or tombait avec plus d'abondance dans les caisses de la maison Blanc, celle-ci en prenait à son aise avec le public. Avec le succès venaient l'orgueil et le mépris de la clientèle.

Depuis une quinzaine d'années, l'admonestation de jadis est remplacée par le sérieux passage à tabac.

C'est le prédécesseur de M. de la Londe, M. G..... qui a inauguré ce système de persuasion à l'usage des joueurs grincheux.

C'était un individu brutal et solide, dont les biceps imposaient le respect à son personnel. Lorsqu'un pauvre diable de décavé était amené dans son cabinet, il lui tombait dessus à bras raccourcis, sans lui laisser le temps de s'expliquer, et tapait jusqu'à ce que le malheureux demandât grâce ou fût à moitié assommé.

Inutile d'ajouter que ce personnage aussi lâche que méchant faisait tenir sa victime par les gardes quand il se trouvait, par hasard, en présence d'un gaillard capable de lui rendre coup pour coup.

Quelques-unes des victimes de ces brutalités sont restées au lit pendant plus de quinze jours, notamment un nommé F..... impresario des musiciens hongrois du café de Paris.

D'autres, des gens du monde, se sont suicidés de rage et de honte d'être ainsi traités après avoir perdu leur argent.

Depuis que le prédécesseur de M. de la Londe n'est plus en fonctions, voici comment s'opère le passage à tabac, d'après les ordres de ce dernier.

Le ponte malheureux qui *fait de la musique* est appréhendé par les gardes, ainsi que je l'ai dit et conduit au commissariat spécial. Là, si le pauvre diable réitère ses protestations et ne prend pas l'engagement formel de se montrer à l'avenir plus accommodant, les agents le poussent dans un escalier noir qui aboutit à une porte dérobée ouvrant sur le poste des pompiers ou sur les jardins, au choix.

Pendant ce trajet, les agents le cognent à qui mieux mieux, à coups de poing, à coups de pied, sans pitié pour ses plaintes qui ne peuvent, d'ailleurs, être entendues du public.

Enfin, quand l'infortuné est arrivé ainsi hors du casino, s'il s'avise de crier dans la rue, la police du Prince, toujours aux aguêts de ce côté, s'empare de lui et l'emmène d'abord au poste du commissariat de police du quartier de Monte-Carlo ; de là, on le conduit à la prison du château où quelquefois il se suicide, disent les rapports secrets de la police monégasque.

.·.

Les voleurs qui administrent le casino de Monte-Carlo, commencent à sentir le sol branler sous leurs pieds. Ils n'ont plus, comme jadis, l'absolue certitude du lendemain.

Ils ne savent que trop bien que leur règne est fini, *Mane, Thecel Phares*; attendu que le public est mûr pour adresser une pétition énergique aux Chambres françaises, et c'est une excellente manière de procéder que de demander par cette voie la suppression de Monte-Carlo.

Les travaux préparatoires doivent être soigneusement faits, avant de donner à la place forte l'assaut décisif.

Il n'y a pas à s'exagérer les difficultés de l'entreprise. Le colosse d'or a des pieds d'argile, comme le disait spirituellement M. Auvray.

Toutes les plumes ne sont pas au plus offrant, toutes les consciences ne sont pas vénales.

Les gens de bonne volonté ne manquent pas; ce qu'il faut, c'est l'action persévérante.

Avec l'état d'esprit actuel des Chambres, la situation se présente bien pour demander l'élargissement de la question.

Le tripot monégasque est une pourriture dont il faut se débarrasser au plus tôt.

On pourrait empêcher 300 suicides cet hiver, et une infinité de ruines sur la Côte d'azur en fermant immédiatement la trop néfaste maison de jeux. Il faut au gouvernement français 2 heures pour cela. Il les trouvera si nous savons le persuader.

Nous allons, à la demande de nombreux lecteurs, faire circuler des listes de souscription parmi les membres de la colonie étrangère et parmi toutes les notabilités de Nice et du littoral.

Nous n'avons pas entrepris cette campagne par cupidité comme on veut le faire croire à Monaco. Ils savent très bien qui nous sommes, et que c'est à la suite des ignobles procédés dont nous avons été victimes de leur part, que nous nous sommes décidés une bonne fois de saisir l'occasion pour présenter au grand public l'ignominie de tous ceux indistinctement qui, à des degrés différents toutefois, font partie de la bande cosmopolite de gens tarés, rebuts de la société, qui se sont réfugiés dans les replis du linceul de la société des bains de mer de Monaco.

On ne jette pas les suicidés à la mer. Cette sépulture n'offre pas assez de sécurité pour le cercle. On les garde dans les sous-sols le temps nécessaire, et la nuit on les transporte au-dessus du cimetière de Monaco, où ils sont enfouis, entre 2 et 3 heures du matin. Ils atteignent leur demeure dernière entourés d'un sac et transportés à dos de mulet, comme si l'on conduisait un chargement quelconque à la Turbie.

Quand un joueur se tue dans un hôtel de la principauté, le garçon qui va prévenir immédiatement le chef de service des suicidés, au casino, reçoit une forte prime pour le récompenser de sa diligence, et s'assurer de sa discrétion.

Le cadavre est *toujours* enlevé la nuit, avec toutes les précautions nécessaires, et s'il est trop tard pour l'enfouir de suite, on le transporte provisoirement dans les sous-sols du casino.

A Monte-Carlo on ne vous fait pas payer de droit d'entrée au Casino, afin d'être toujours chez eux et de pouvoir vous jeter dehors lorsque vous devenez gênant.

En effet, l'article 2 du règlement, lequel est inscrit au dos des cartes d'entrées dit textuellement :

« L'administration se réserve le droit de retirer la carte d'entrée dans les salons, sans être obligée d'indiquer les motifs de cette décision ».

Voyez l'hypocrisie de ces bandits.

Ne vous êtes-vous jamais aperçus que lorsqu'un gros joueur signalé approche d'une table, il trouve une place comme par enchantement, une personne se lève prétextant avoir terminé sa partie et lui offre sa place.

Encore un truc du Casino.

Celui qui vous a cédé si gentiment sa place est un agent du casino, jouant de temps à autre une pièce avec l'argent de la banque. On n'ignore pas que le joueur assis, ne se lève que lorsqu'il est décavé ; tandis que le joueur qui perd 2 ou 3 gros coups s'énerve, et va demander à une autre table la compensation qu'il en espère, ou plutôt sort du casino : autant de perdu pour la caisse et cela il faut l'éviter à tout prix.

Savez-vous pourquoi les plaques de cent francs en or à l'effigie du Prince-Roulette ont été frappées : uniquement, parce qu'elles ne reviennent qu'à 91 francs à Albert. Il n'y a pas de petites économies.

Vous n'avez jamais vu de pièces de 5 fr., 2 fr. ou moindres à l'effigie de cet oiseau rare, n'est-ce-pas ? En effet, le bénéfice à en tirer n'en valait guère la peine.

Camille Blanc et Cie trouvant que le mal blanc ne causait pas suffisamment de ravages, voulut créer l'an dernier un mont-de-piété à Beau-Soleil, commune française contiguë à Monte-Carlo et dont il est le maire.

Cela lui tenait au cœur de voir les personnes quitter le territoire monégasque avec leurs meubles, leurs malles et leurs effets. Il aurait voulu même accaparer tout cela, quitte à prêter une feuille de vigne aux malheureux qu'il aurait détroussé jusqu'à la peau.

Malheureusement pour lui la campagne entreprise contre le maire rouletier, par le directeur du *Journal de Nice* a fait échouer son projet. Aussi il ne le lui pardonne pas. Songez donc ! les personnes faisant actuellement le prêt sur gages à Monte-Carlo supérieur prennent 2 0/0 par jour, soit 730 0/0 par an sur signature, et donnent 1|10 de la valeur des bijoux.

Naturellement on ne peut que très rarement dégager ceux-ci, et comme les aigrefins qui les ont déplumés revendent très cher les joyaux de leurs victimes, ils réalisent des fortunes considérables en peu de temps.

Les Blanc et Cie s'arrachent les cheveux de n'avoir pensé plus tôt à leur idée de fondation d'un clou ; on les aurait probablement laissé faire dans le temps, tandis qu'à présent, trop de gens voient clair dans leur jeu.

Si un gros joueur vient d'enlever une forte somme par le plus grand des hasards, et qu'il n'habite pas la principauté, vite un des plus habiles auxiliaires de la bande est collé à ses trousses, de façon à l'allumer et à le ramener le lendemain au casino, par mille ruses d'apache, afin qu'il ne s'en retourne pas en son pays avec la belle galette des Blanc.

Si l'élément féminin n'est parfois pas en nombre suffisant, dans les salles de jeu, par suite de parties de plaisir en canot, en voiture ou à domicile, le sinistre Maubert, directeur des jeux, qui monte la garde dans le casino, prévient Bornier, directeur général des escroqueries, et l'ordre est lancé d'amener immédiatement *toutes ces dames au salon.*

Les larbins filent dans toutes les directions et les grues rappliquent sans retard.

Le casino a en outre à sa disposition quelques demi-mondaines de très grande envergure et d'une beauté remarquable, qui sont en permanence dans un hôtel situé très proche du casino, ou au café de Paris.

Les femmes sont un des principaux leviers dont le casino se sert pour retenir, griser et enfièvrer le joueur qui a momentanément de la chance ; elles s'arrangeront toujours pour le ramener autour du tapis vert et le retenir jusqu'à ce qu'il ait perdu son dernier écu. Bien vite, alors, elles se rendent à la caisse de la direction, où elles touchent une commission en rapport avec la somme qu'elles auront fait perdre au jeu, et que les chefs de partie sont toujours à même d'apprécier ; la direction se montre d'ailleurs généreuse et donne facilement quelques billets de 100 francs, car ces malheureuses, plus à plaindre qu'à blâmer, ont en général la passion du jeu et reperdent le montant du prix de leurs exploits

Il est vrai que celles qui seraient tentées d'économiser l'argent *gagné* dans ce joli métier, se verraient retirer leur carte d'entrée des salons du tripot.

Parfois ces dames qui sont très jalouses l'une de l'autre se prennent de querelle et on assiste alors à des scènes inénarrables. J'ai vu de mes yeux, un des commissaires portier-concierge, Gérard de Cailleux, s'efforçant, dans l'atrium du casino, de calmer une vieille garde du bataillon d'amour, l'ex belle B.... (que tout le monde connaît, par suite de ses amours retentissantes avec un très haut personnage de la cour d'Italie) et lui disant : ma toute belle si j'expulse Joséphine pour vous faire plaisir, je suis forcé d'employer le même procédé envers vous.

La B... s'est tue devant cet argument sans réplique et Gérard de Cailleux se remit à faire le beau autour des jolies petites femmes qui se pavanaient dans l'atrium.

Citons à ce propos un fait signalé par Montfalcone, dans son intéressant ouvrage intitulé : « Monte-Carlo Intime », livre absolument introuvable, comme toujours, les mouchards du tripot ayant, selon la coutume tout retiré immédiatement de la circulation.

Montfalcone dit textuellement :

« Un jeune homme venait de gagner à la roulette 70.000 francs. En sortant, il rencontra dans l'atrium une horizontale avec laquelle il venait de déjeuner. Elle s'informa s'il avait gagné, et sur sa réponse affirmative, elle lui demanda quelques louis pour acheter une ombrelle. Il se fouilla et ne se trouva que 20 francs de monnaie. « Plus tard, ce soir, dit-il ». Mais la fille lui dit . « Vas me la gagner avec ce louis, puisque tu es en veine ! » Aussitôt dit, aussitôt fait ; il joue le louis, le perd, change un billet de mille, perd encore ; un deuxième, un dixième, tous y passent ; enfin il perd les 70.000 francs qu'il venait de gagner, plus cinquante et quelques mille qu'il possédait. Il sort comme un fou pour aller demander de l'argent télégraphiquement; tandis qu'elle riant aux éclats, va à la Direction raconter sa prouesse et encaisser 500 francs qui, dix minutes après, étaient retournés à la banque. »

Dans les jardins, en chemin de fer, au Café de Paris, vous aurez certainement remarqué des gens étalant ostensiblement des liasses de billets de mille et racontant à un compère, de façon à être entendu, que ces jolis papiers bleus étaient le résultat de la journée. Ils ajoutent même, par exemple: « Oui, mon cher, tu vois qu'avec un peu de science, il n'est pas difficile de gagner; voilà un mois que cela dure. »

Méfiez-vous de ces bonshommes, autant d'allumeurs payés par le Casino.

Lorsque vous gravissez les marches du temple de l'or et de l'infamie, et que vous vous dirigez vers le commissariat où se délivrent les cartes d'entrée, donnez-vous la peine d'observer parmi la foule qui y entre et en sort, les trois ou quatre individus à la face sinistré, habillés comme s'ils étaient des visiteurs, chapeau melon ou de feutre sur la tête ; ce sont des mouchards du commissariat spécial. Parfois ils sont assis sur le banc cannelé qui longe la porte de gauche de l'atrium, et ont l'air de parler de choses insignifiantes.

Leur besogne cependant est des plus absorbantes. Ils sont placés là par Barthélemy, l'autre commissaire portier-concierge, qui a son bureau à côté ; il a une tête qui rappelle celle de Barbe Bleue. Ils vous espionnent dès vos premiers pas ; ils écoutent vos réflexions et les transmettent sans retard au lugubre Maubert, directeur du service des filouteries. Vous êtes taxés, suivant l'impression que vous avez produite à ces immondes créatures aux yeux de lynx, et aucun de vos mouvements n'échappe désormais aux mouchards de l'intérieur si vous avez lâché quelque parole imprudente.

Espionnage, contre-espionnage, telle est la devise de la Société anonyme des Bains de Mer de Monaco.

.·.

Lorsque vous contemplez les mille et une merveilles qui s'étalent à vos yeux, avez-vous déjà songé, naïfs joueurs, que vous avez tous contribué plus ou moins à l'élaboration de celles-ci.

L'un de vous a certainement payé l'escalier du casino, l'autre les cylindres ou les tables du trente & quarante, le troisième une ou plusieurs colonnes du musée océanographique, qui est entre parenthèses une des scandaleuses glorifications du faux savant Albert Gouyon, dit Grimaldi ; un quatrième d'entre vous a payé à lui seul les uniformes des croque-morts ou pseudo-pompiers ; l'autre, la villa Olga, la somptueuse demeure du bandit Bornier, boulevard Pereira, — et que sais-je d'autre encore, Oui ! vous avez tous contribué à embellir la Principauté.

Je connais un Russe qui, à lui seul, a couvert les frais d'agrandissement du port de Monaco (5.000.000).

Réfléchissez un instant : Le tripot qui existe depuis 1863, — il y a donc 44 ans — aurait il-atteint le degré de splendeur auquel il est arrivé, s'il était possible de gagner,

Le Casino pourrait-il subvenir à ses trente mille francs de frais qu'il a journellement, fournirait-il la liste civile du prince Albert Gouyon, le traitement du clergé, de la magistrature, de l'armée (56 soldats commandés par 28 officiers, 1 pour 2 soldats), s'il y avait moyen de se défendre au jeu ?

Payerait-il indistinctement tous les fonctionnaires de la Principauté, jusqu'aux gardes-chiourmes de la prison ?

Exonérerait-il les habitants de tout impôt ; pourrait-on se passer du régime douanier ?

Rémunérerait-il grassement tous les employés du casino, depuis le chef du tripot Georges Bornier, le bandit, jusqu'au dernier balayeur des 2.160 hectares de terrain qui constituent l'enclave ?

Vous offrirait-on des représentations théâtrales d'un prix fabuleux et des concerts classiques où chaque exécutant est un artiste hors ligne, uniquement pour vos beaux yeux ?

Non, n'est-ce pas ; c'est avec votre or que toutes ces fantaisies se réalisent. C'est vous seuls, naïfs joueurs, qui payez tout cela !

La meilleure preuve que les jeux de Monte-Carlo sont ruineux au premier chef, c'est qu'un groupe de capitalistes au courant de ce que peut produire l'exploitation des jeux de hasard, a offert au Gouvernement français d'éteindre la dette de la France, en échange d'une concession de jeux à Saint-Cloud, avec condition — sine qua non — que Monte-Carlo soit fermé en même temps.

Ce serait là, il me semble, une heureuse combinaison, et si le Gouvernement ne veut l'adopter, qu'il impose le fameux tripot d'une redevance de 50 millions annuellement au profit de l'Assistance publique. De cette manière, l'or dont les joueurs tiennent absolument à se débarrasser, servira au moins une cause humanitaire, au lieu d'engraisser la bande d'immondes voleurs qni a nom Blanc, Radziwill, Ruflin-Bonaparte et Gouyon 1er, le pédéraste, émule de Radziwill !

Nous commencerons dès aujourd'hui la publication détaillée des biographies des personnages tous tarés, qui ont été ou sont à la tête du néfaste tripot monégasque. Abordons François Blanc, fondateur des jeux, dits de hasard, à Monte-Carlo.

Nous ne presenterons qu'un résumé de sa vie, car le récit de la carrière aussi mouvementée que scandaleuse de ce grand détrousseur de portefeuilles, serait trop long à narrer, et le cadre de cet ouvrage ne s'y prête pas, pour le moment du moins.

Dans les brochures suivantes, la première partie de chacune d'elles sera consacrée à l'exposé des tours de bandits, exécutés par la clique Blanc et Cie, et la deuxième partie, contiendra le résumé de la vie d'un des héros de la bande.

I· Le Père Blanc (François). — Pour avoir si bien mis en œuvre l'exploitation des jeux dits de hasard, pour avoir si merveilleusement organisé la colossale filouterie, exposée précédemment, il fallait être un tricheur parfait, un « grec » de génie. Or, cela ne fait aucun doute pour quiconque examine de près les débuts de François Blanc. Cet homme eut dès sa plus tendre jeunesse, la vocation du vol astucieux et roublard.

L'origine des tenanciers de Hombourg et de Monte-Carlo est des plus modestes. Voici l'acte de naissance de François et de Louis Joseph Blanc, frères jumeaux :

Extrait des registres des Actes de l'Etat-Civil de la commune de Courthezon (Vaucluse), déposé au greffe du tribunal civil de la ville d'Avignon.

L'an mil-huit-cent-six, le treize décembre, à quatre heures du soir, pardevant nous, maire et officier de l'Etat-Civil de la commune de Courthezon, canton de Bédarrides, (Vaucluse), est comparu le sieur *Claude-Agricol Blanc*, receveur de cette commune, âgé de trente-quatre ans, domicilié à Courthezon.

Lequel nous a présenté deux enfants jumeaux, du sexe masculin, nés le jour d'hier, à une heure du soir, de lui, déclarant, et de dame *Marie-Thérèse, Alexandrine Janin*, son épouse, et à l'ainé desquels il a déclaré vouloir donner les prénoms de *Louis-Joseph*, et à l'autre le prénom de *François*.

Lesdites déclaration et présentation faites en présence de sieurs *François Tavernier*, faiseur de bas, âgé de cinquante sept ans, et *Antoine Duclos*, cordonnier, âgé de vingt-huit ans, domiciliés à Courthezon.

Et, après que lecture du présent acte a été faite au père et aux témoins, ils l'ont signé avec nous. *Signé* : Blanc ; Tavernier ; Duclos ; Brucher, maire.

Partis du petit village vauclusien, les deux jumeaux s'engagèrent, avec autant de promptitude que de sérénité, dans des sentiers qui n'étaient pas précisément ceux de l'honneur. Un résumé officiel de leur biographie jusqu'en 1836, existe dans le principal document d'un procès qui fit grand tapage à l'époque.

Vers la fin de 1833, — donc, à 27 ans, — ils s'étaient établis à Bordeaux, s'intitulant banquiers, mais exerçant en réalité la jolie profession d'écumeurs de bourse, se livrant uniquement à l'agiotage à coup sûr ; la façon dont ils jouaient sur les fonds publics, attira l'attention de la justice, qui les fit coffrer en 1836, les traduisit devant la cour Royale d'Orléans, chambre des mises en accusation, audience du mardi 6 décembre 1836, et finalement les déféra à la cour d'assises d'Indre-et-Loire pour y rendre compte de leurs méfaits.

La presse du temps, donna à cette cause célèbre le nom d'Affaire des Télégraphes.

Parmi les griefs que releva l'accusation, citons ceux-ci au hasard :

François Blanc, le futur fondateur du tripot Monégasque, s'est gratifié du prénom supplémentaire de *Louis*, qui n'appartient qu'à *Joseph*, de cette façon les deux jumeaux filous signaient *Louis Blanc*, ce qui facilitait leurs manœuvres.

Ils corrompirent Lucas et Guibout, employés transmetteurs au télégraphe aérien.

Ils ont mené longtemps *une existence vagabonde, et n'ont pas laissé dans toutes les villes qu'ils ont habitées, les souvenirs d'une vie probe et occupée ?*

A Marseille, ils ont été expulsés d'un cercle appelé *Le Salon*, disparu aujourd'hui.

A Avignon, on s'aperçut au *café de la Paume*, où ils jouaient à l'écarté, qu'ils *gagnaient constamment.*

A Lyon, ils ont gagné (?) des sommes *considérables* au jeu, ou de toute autre *manière illicite*. Ils passaient pour LES PLUS FINS FILEURS DE CARTES, et pour faire une étude de la *prestidigitation, qui servait à leur industrie.*

Leur réputation était très mauvaise.

Le Parquet de Lyon a fait savoir que les frères Blanc avaient cherché à acheter une charge d'agent de change; mais le syndicat de ceux-ci a refusé de les admettre.

A Paris, ils ont gagné au *cercle de l'Union*, rue de Grammont, de fortes sommes à l'écarté.

A Anvers, en 1835, on se défiait de leurs opérations de bourse, qui *paraissaient* toujours sûres.

A Bruxelles, l'un d'eux avait pris le nom de *Leblanc.*

L'instruction a découvert les preuves de leur *déloyauté*, poussée aux dernières limites, mais extraordinairement habile.

Les agents de change de Bordeaux, interrogés, avouent avoir perdu en spéculant (1) avec les frères Blanc, *cent soixante-quatorze mille sept cent quarante et un francs.* Monsieur Debance, agent de change à Bordeaux, évalue à *deux cent cinquante mille francs*, les gains (!!!) que les frères Blanc faits en deux ans.

Cependant n'ayant pas été complète sur ce point, tout porte à penser que les frères Blanc ont *gagné des sommes beaucoup plus considérables.*

(Gazette des tribunaux No 3552, du samedi 28 Janvier 1837, page 313, 1re colonne).

Mais le bouquet de leurs exploits, c'est l'escroquerie au télégraphe, ce coup d'audace les fit boucler. En voici le résumé :

En 1836, pour la transmission des dépêches, on se servait encore de la télégraphie aérienne, c'est-à-dire des appareils à signaux, dont l'inventeur est Chappe (1793), et qui étaient placés sur des hauteurs, chaque poste télégraphique se trouvant à une distance de 8 à 10 kilomètres du poste suivant. L'employé attaché à un poste, était désigné sous le nom de « télégraphier-stationnaire » ; au moyen d'une longue-vue, il était *guetteur* des signaux faits par le télégraphe aérien du poste qui le précédait sur la ligne, et il les reproduisait immédiatement au moyen de l'appareil Chappe de sa station. C'est seulement en 1838 que le physicien américain Morse appliqua, à New-York, pour la première fois, l'électricité à la télégraphie.

Les frères Blanc, pour gagner sûrement à la Bourse de Bordeaux avaient trois agents : le premier, nommé *Franck*, ancien sous-officier invalide, résidait à Paris, où sa fonction consistait à noter les cours de la Bourse de la Capitale et à les envoyer immédiatement, *d'une façon conventionnelle secrète*, dans un paquet expédié par la malle-poste de Paris à Tours ; le second, d'abord un nommé *Lucas*, puis (après la mort de celui-ci) son adjoint *Guibout*, était l'employé de la première station télégraphique à la suite du poste central de Tours et, d'après les indications du paquet mystérieux, il ajoutait aux signaux de n'importe qu'elle dépêche officielle, *d'autres signaux spécialement destinés aux frères Blanc*, lesquels se trouvaient ainsi transmis jusqu'au bout de la ligne, à Bordeaux, le troisième agent, établi dans cette dernière ville, était un nommé *Renaud*, ancien employé des télégraphes qui, logé dans un appartement ayant vue sur le poste aérien de Bordeaux, notait les signaux supplémentaires et accourait aussitôt chez les frères Blanc, et ceux-ci jouaient à coup sûr, car à cette époque les cours de la Bourse n'étaient pas admis à participer aux transmissions télégraphiques, lesquelles servaient exclusivement aux nouvelles politiques et aux ordres et avis du gouvernement, les banquiers et les agents de change ne pouvaient s'envoyer les cours que par la poste aux chevaux.

A Bordeaux, donc, tous les agioteurs spéculaient en se basant sur leurs prévisions plus ou moins perspicaces, forcément livrées au hasard, tandis que les frères Blanc, avec leurs renseignements certains, toujours en notable avance sur l'arrivée des courriers, jouaient à coup sûr et plumaient, sans en avoir l'air, les autres banquiers et les agents de change.

L'instruction releva *121 opérations de Bourse effectuées par les frères Blanc dans ces conditions audacieusement frauduleuses.*

C'est au moyen de cet argent honteusement volé que les frères Blanc ne tardèrent pas à passer la frontière, après leur condamnation, et qu'ils fondèrent à Hombourg (Prusse) le Kursaal de roulette et de trente & quarante.

Tel est le point de départ de la scandaleuse fortune de la famille Blanc.

Le casino de Monte-Carlo conservera éternellement la triste réputation qu'il a acquise, c'est-à-dire qu'il est le plus luxueux coupe-gorge du monde.

La devise du père d'Edmond et de Camille Blanc était auparavant *voler en jouant* ; ils l'ont modifiée ultérieurement et remplacée par celle-ci : *voler en faisant jouer les autres.*

C'est ce principe que le vieux forban appliqua durant le restant de sa vie avec une incroyable chance. Ses fils Edmond et Camille marchent dignement sur ses traces.

Le père Blanc, François, était tellement convaincu qu'il n'y a rien à faire au jeu, qu'il disait constamment : « Je donne un million au joueur qui, pendant une année, gagnera tous les jours une pièce de cent sous, quel que soit le capital dont il dispose et avec maximum à volonté. »

Ce défi n'a jamais été relevé.

Il avait coutume de dire également : « Celui qui a fait sauter un jour la Banque est certain de se faire sauter une fois la cervelle. »

Et pour finir, mentionnons quelques faits qui se sont produits ces jours derniers, c'est-à-dire depuis l'apparition du numéro 2 de notre brochure : *La Fin de Monte-Carlo* :

Une personne de nos amies se trouvant dans l'atrium du Casino, la semaine dernière, entendit pendant qu'elle cherchait sa carte d'entrée, les réflexions suivantes émises par deux surveillants :

« C'est égal, mais je n'aurais jamais cru que les Bonaparte actuels faisaient partie d'une telle bande de canailles, et qu'ils avaient eux-mêmes un aussi déplorable passé. »

Nous sommes heureux que nos écrits aient pénétré jusque parmi le petit personnel du Casino.

Autre fait :

Le 4 janvier dernier, une dame est devenue subitement folle à la table n° 2 — table de droite de la salle Schmidt —. Elle avait perdu le restant de sa fortune, et ayant poursuivi le zéro avec les quelques louis qui lui restaient, et celui-ci s'étant obstiné à ne pas se montrer. Lorsqu'elle eut perdu son dernier écu, elle se mit à chanter : « Oh mon zéro, petit zéro chéri, viens, mon zéro, etc. ». On ne lui laissa guère le temps de continuer sa lugubre romance, elle fut empoignée par deux larbins et poussée dans le bureau de Maubert en moins de temps qu'il ne faut pour l'écrire. Une dame qui l'accompagnait et qui sanglotait fut escamotée également en cinq secs.

Les Blanc et leurs employés sont tellement affolés par notre campagne, qu'ils vivent littéralement sur un volcan.

Une dame ayant laissé tomber son sac à main rempli de plaques et de louis, et celui-ci ayant causé un certain bruit, tous les employés de la table de trente et quarante où le fait se produisit, se levèrent brusquement, ainsi que les joueurs, et songèrent à fuir. Les malheureux froussards croya ient que c'était une bombe qui venait de tomber.

En outre, Camille Blanc ne trouve rien de mieux que de faire assommer nos vendeurs par les apaches de Bornier. En voilà deux qui ont été attaqués depuis huit jours ; quand ils sont de taille à se défendre, le Roi de la Côte d'Azur ne trouve qu'un moyen d'avoir raison d'eux : il les fait arrêter, on les relâche le soir et leur journée est perdue.

Peu importe aux bandits du tripot de Monte-Carlo que les femmes et les enfants de nos crieurs ne mangent pas !

Nice est actuellement infesté de mouchards du Tripot ; on en rencontre partout. C'est absolument ignoble et révoltant,

A la porte du champ de courses du Var même, Blanc et Bornier ont éprouvé le besoin d'en coller. Celui qui est de service actuellement à la porte d'entrée de la pelouse est ce petit gros qui marche comme un canard et qui a une jambe raide.

Vous pourrez le remarquer à présent que je vous l'ai signalé, Il a une figure assez pleine, moustache brune, vêtu d'un pardessus demi-saison, gris foncé, chapeau melon noir, souliers bruns. Le soir, il est au Casino Municipal de Nice en compagnie de cinq autres mouchards ; ils essayent de surprendre les conversations et surveillent les joueurs signalés.

Ils ont en général le physique de l'emploi, leur tête est absolument repoussante·

Et pour finir, la note gaie :

Il parait que Bornier, directeur général du tripot, a parié de remporter le prix du concours d'originalité au Carnaval de Nice. Savez-vous ce qu'il va faire à cet eflet :

Tout bonnement se déguiser en honnête homme, personne ne le reconnaîtra.

P. S.— Camille Blanc a quitté précipitamment la Côte d'Azur, dimanche à 5 h. 50, immédiatement après le grand-prix.

Pourquoi ?

(*A suivre*)   MAXIME DELATOUR.

Le Gérant: F. GROS — Imp. du Littoral, 4, rue Vernier. — NICE

[illegible]

Dédié à MM. les membres du Parlement Français

LA FIN
DE MONTE-CARLO

Exposé succint, authentique et impartial des crimes de diverse nature dont la principauté de Monaco est journellement le théâtre.

" DELENDA MONACO "

par MAXIME DELATOUR

Publication bi-mensuelle paraissant
le 15 et le 30 de chaque mois

PRIX : 10 CENTIMES

TIRAGE : 100.000 EXEMPLAIRES

rappeler le nom ni l'âge de celui qui s'est tué pour la Princesse de la Roulette. Le fossoyeur lui-même, deux jours plus tard, ne pourrait plus retrouver son client nocturne de l'avant-veille.

Vous allez m'objecter : « Et les actes de l'État-civil ? »

Vous voulez rire, sans doute.

Ne vous ai-je pas dit que tout, l'administration, la justice, la police, appartient au casino de Monte-Carlo,

On n'inscrit sur les registres des décès que ceux qu'il est impossible d'escamoter, parce que les promeneurs les connaissent, et que l'un ou l'autre les a vus se tuer,

Les autres, ceux que les surveillants découvrent dans le creux d'un roc, la tempe trouée d'une balle ou écrasés par une chûte de quarante mètres, on les emballe gentiment pour l'autre monde, sans souffler mot, sans faire figurer leurs noms sur aucun livre. Vous expliquez-vous maintenant ce mystère quotidien de la disparition de jeunes gens de famille, que nul ne revit jamais et que recherche la police des deux Mondes.

Questionnez les Blanc et leur bande ; c'est là qu'il faut vous adresser, si vous désirez des renseignements exacts. L'apologie du fameux tombeau des secrets pourrait être fort exactement figurée par les Blanc-Radziwill-Bonaparte.

Car ils n'ont garde d'oublier ce conseil jeté au pied de l'échafaud par un assassin illustre, leur maître : « N'avouez jamais ».

Pas n'est besoin, je pense, de vous dire, qu'avant de jeter le cadavre à la fosse commune, on l'a consciencieusement fouillé, non pour le voler, c'est depuis longtemps chose faite, mais pour s'assurer de son identité et prendre contre sa famille, les précautions qu'exige l'impérieuse moralité du Tripot.

Quiconque, dans la Principauté signale un cadavre, touche de l'Administration des jeux de Monte-Carlo une gratification. Aussitôt la nouvelle donnée, deux argousins partent au pas de course, couvrent le corps d'un sac, le dissimulent autant que possible et montent la faction auprès de lui, pour éloigner les indiscrets.

Si le cadavre est découvert sur le rivage de la mer, sous les falaises, les gardiens le *remiseront* soit derrière un quartier de roc, soit dans l'une des bouches des égouts de la ville.

Quant à chercher à approcher, à savoir qui peut bien être la malheureuse victime du prince Albert Ier, Blanc, des princes Constantin Radziwil et Roland Ruflin-Bonaparte, ne le tentez pas. Vous risquez l'expulsion ; après l'emprisonnement sans phrases.

On ne saurait trop répéter aux naïfs qui mettent le pied dans la Principauté, que le Prince, son gouvernement, sa justice et sa police sont vendus à Camille Blanc et à sa bande.

C'est l'autorité absolue dirigée par le bon plaisir. Vous pourrez crier, nul n'entendra.

Avant que le fossoyeur n'ait fait son œuvre, le très honorable et non moins sentimental Bornier a pris connaissance des papiers du malheureux. Si c'est un pauvre diable quelconque, étranger venu de loin pour apporter son obole aux Blanc, Radziwill-Bonaparte, s'il est au moins fort probable que jamais personne ne réclamera, on escamote le macchabée, comme le prestidigitateur une muscade. On l'enterre dans un coin quelconque et, comme on dit « ni vu ni connu ». Le tripot garde la « galette », c'est le principal.

Quant à l'administration monégasque, à la police, au bureau des décès, encore une fois ils ne peuvent élever la voix, quand bien même un sentiment de révolte l'envahirait. Le Prince a ordonné qu'il en fût ainsi ; Albert Iᵉʳ le Généreux, a décidé qu'il convenait d'abdiquer tout pouvoir entre les mains — je dis mains pour être poli — de Mme Camille Blanc et de ses intègres associés.

On fait ou non mention du décès sur des registres de l'état-civil, selon que l'intérêt du tripot Blanc est de cacher ou d'avouer le suicide.

Si l'Administration a quelque doute, si Bornier craint d'engager son honorable responsabilité en signant trop vite de sa qualité de croque-morts un permis d'escamotage funèbre, on en réfère aux patrons. Ainsi fait-on dans les maisons Tellier provinciales, lorsqu'un différend s'élève entre la sous-maîtresse de l'établissement et un bourgeois bien posé de la ville.

Après le conseil tenu par les rats — j'entends par là les Blanc-Radziwil Ruflin-Bonaparte — au cours duquel, comme en conseil des Ministres, la question est discutée, on invite télégraphiquement le célèbre Bornier à avouer ou à nier le malheur.

S'il est nié, tout va bien pour la roulette ; s'il est avoué, rien ne va plus pour l'Administration jusqu'à ce que Camille Blanc et les princes Constantin Radziwill et Ruflin-Bonaparte aient dans un nouveau conseil — le conseil des sinistres — arrêté la marche à suivre pour prévenir la famille du suicidé et la museler.

A cet effet, un inspecteur du tripot est désigné pour aller annoncer aux parents ou à la veuve du macchabée la bonne fortune survenue à ses honnêtes patrons. L'inspecteur a toujours quelques dehors. C'est un vieux sous-off retraité, chevalier de la Légion d'honneur, allure militaire, brusquerie bienveillante.

Il va, il arrive et raconte aux vieux parents, que le fils a déshonorés par la faute de Camille Blanc ; à la veuve que le mari a ruinée par le prince Radziwill, un boniment quelconque. Le malheureux n'a pas joué bien certainement, c'est un accident, un suicide ? quelle idée ! Aux premiers mots du drôle, stupeur bien compréhensible. L'absent était parti, trois jours plus tôt, en parfaite santé et en belle humeur. En vérité, ce serait à croire que le quatuor Blanc-Radziwill-Ruflin-Bonaparte tue plus vite et mieux que le choléra.

Mais bientôt, les infortunés questionnent, veulent tout savoir, menacent même d'esclandre, lorsqu'ils comprennent la moitié de l'horrible vérité.

Voici l'instant psychologique. Avec force réticences, mille périphrases et des consolations sans fin, le messager offre la restitution de la prétendue perte subie par le joueur. Ce sera, suivant l'homme, sa famille, la perte réelle, cinq mille, dix mille, vingt mille francs même, c'est-à-dire rien, en comparaison de la somme que se sont partagée le prince Albert et ses associés du Tripot.

Souvent, trop souvent — car si les intéressés élevaient la voix, les pouvoirs publics l'entendraient sans doute — la famille du suicidé, brisée de douleur, inconsciente de la mauvaise action qu'on lui fait commettre, se range aux avis de l'envoyé du tripot Blanc. On accepte la somme et on en donne reçu. Par ce reçu qu'on ne lit pas — a-t-on le cœur à lire, dans ces circonstances, on s'engage à tout, vis-à-vis de l'administration des Jeux et de la Principauté qui ne font qu'un. Par ce reçu on s'oblige à ne jamais rien réclamer ; en

Si vous gagnez plus ou moins régulièrement par la force de votre capital ou de vos mérites personnels, ces brigands qui refusent une cotisation afin d'être toujours maîtres chez eux, vous retirent votre carte d'entrée et leurs mouchards vous filent afin que vous ne tentiez pas de rentrer au Tripot sous un faux nom ou sous un déguisement quelconque.

Je tiens à la disposition des incrédules, à l'appui de mes affirmations, entre autres noms, ceux de deux messieurs qui ne sont pas des inconnus dans le monde des habitués de Monte-Carlo et auxquels on a retiré la carte d'entrée au casino, parce qu'ils jouaient en association avec deux autres personnes, et que, surveillés pendant un mois à la table de jeu, les mathématiciens-mouchards attachés au Tripot, avaient rendu compte à l'administration qu'ils gagnaient constam nent. Il est vrai qu'ils jouaient gros jeu, et qu'en une seule séance, ils avaient gagné 12.000 francs.

Ces messieurs ont été dès ce jour l'objet de toutes les infamies possibles, et sans cesse des inspecteurs, entr'autres un nommé S... et un nommé C..., les harcelaient, leur demandant leur carte d'entrée, prenaient des notes en les dévisageant et finalement l'inspecteur général Charles de la Londe, sur l'ordre du directeur-général Georges Bornier, les fit conduire au commissariat spécial où M. Barthélemy leur retira leur carte d'entrée.

Auparavant, sous prétexte que M. Barthélemy était momentanément absent de son bureau, on les fit asseoir sur le banc qui se trouve à droite de l'entrée du commissariat spécial, et les mouchards et mouchardes furent nvités à défiler discrètement devant eux afin de se graver leur physionomie dans leur mémoire.

Charles de la Londe, qui était au courant de la mesure dont ces messieurs allaient être l'objet, avait déjà prévenu, dès la veille, une de ses petites amies qui est moucharde de la boîte et habite l'été, rue Notre-Dame-de-Lorette, à Paris.

Les deux jeunes gens, qui avaient bec et ongles, n'étaient pas de taille à se laisser rouler par les émissaires de Camille Blanc, et ils firent démarches sur démarches.

Bornier se cacha prudemment et chargea finalement le directeur des jeux, M. Maubert, de recevoir un de ces messieurs,

Maubert, avec son hypocrisie habituelle, chuchotta quelques vagues explications et se récusa, arguant de son incompétence en l'occurence.

Diverses lettres, avec timbre monégasque pour la réponse, restèrent sans réponse, et le timbre fut conservé — il n'y a pas de petites économies, n'est-ce pas, Georges Bornier ?

Je tiens les noms de ces messieurs à la disposition de M. Camille Blanc, président du Conseil d'administration de la Société anonyme des Bains de Mer de Monaco, devant qui ils demandent réparation du préjudice qui leur a été occasionné, car on a attendu pour les expulser, un moment où ils étaient en déficit, afin qu'ils ne pussent récupérer leur découvert.

J'ai prouvé par ce récit qu'à Monte-Carlo, on peut tout faire, sauf y gagner.

Un chevalier d'industrte, une échappée de maison de tolérance, un voleur, une grue, un assassin n'ont rien à craindre de l'administration du tripot tant qu'ils y perdent l'argent volé la plupart du temps. Ce n'est que lorsqu'ils seront décavés et, par conséquent devenus gênants, qu'on les fl... à la porte, à moins qu'on utilise leurs services pour les besoins du casino.

Voici, au sujet des suicides, ce que dit M. P. Dumont, d'après des documents authentiques publiés dans son remarquable ouvrage intitulé : « Le Prince rouge et noir et sa cour. »

J'affirme et je suis prêt à engager un pari de cent louis, que le chat adoré de la princesse Roland, ce chat qui joua un si grand rôle dans sa vie, fut inhumé avec moins de cynisme que le plus riche macchabée de la Principauté.

J'ai vu, l'an dernier, un jeune homme qui, en pleine salle de jeu, se fit sauter la cervelle. Il avait perdu trois cent mille francs. C'était le fils d'un architecte de Rethel.

A l'instigation de deux femmes payées par l'Administration — par l'intègre Thézillat — le jeune homme, presque un gamin, était rentré dans la fournaise.

En une heure les râteaux avaient ratissé sa fortune. Dès qu'on le sut ruiné, on lui tourna le dos dédaigneusement ; ainsi l'ordonne la règle.

Ahuri par dix coups de perte successifs, le jeune homme s'était assis dans un coin, sur un fauteuil et rêvait, les regards perdus au plafond doré de la salle. Le quadrille des louis qui dansaient sur les tables voisines accompagnait ses pensées. Tout-à-coup, et sans que rien eût pu faire prévoir sa détermination, il appliqua le canon d'un revolver sur sa tempe et fit feu.

Ce fut un sauve-qui-peut général. On crut que le casino sautait à la dynamite. Les portes n'étaient pas assez larges pour livrer passage au flot de joueurs en fuite. Seuls, les croupiers, fidèles par force à leurs râteaux, restèrent en place.

On enroula le pauvre garçon dans un tapis de table et, pendant que le médecin de service — par précaution l'Administration a toujours un médecin de garde — donnait à très haute voix l'ordre de transporter le *malade* à l'hôpital, on le transportait dans la chambre des suicidés. C'est une vaste salle, morgue des malheureux qui font la fortune des Blanc-Radziwill-Bonaparte.

Elle est située juste au-dessous du salon des jeux. On y descend directement par un escalier spécial qui s'ouvre auprès du commissariat des jeux.

On descend les cadavres, soit par le commissariat des jeux, si le ponte s'est occis dans le casino, soit par un escalier dérobé qui s'ouvre derrière le casino, dans les soubassements de l'édifice.

C'est par cet escalier qu'on remonte, à la nuit, les victimes du quatuor Blanc-Radziwill-Bonaparte.

Vers deux heures du matin, au moment précis où les noctambules sont rentrés et où les matineux dorment encore, on enlève le corps dans une boîte à dominos ; on le descend à la mer, où un canot le reçoit et le transporte jusqu'au cimetière de la Turbie, à la frontière française. Ainsi, nul ne peut croiser en chemin le lugubre cortège.

Je dis cortège, à dessein, car quelques mouchards à toute épreuve, même à l'épreuve de l'eau, leur élément naturel, l'accompagnent pour en écarter les curieux, fût-ce à coups de triques.

Le monsieur emballé, habillé de quatre planches de sapin — costume d'été peu coûteux — sans l'ombre d'une cérémonie quelconque, religieuse ou civile, est enfoui comme une charogne dans un trou creusé en hâte. Puis on nivelle le sol et tout est dit pour l'éternité. Pas la moindre inscription ne peut

LA FIN DE MONTE-CARLO

Monte-Carlo a failli triompher une fois de plus !

Le prince cagnotte Gouyon 1er, le savant — ! —, les Blanc, Radziwill & Ruffin-Bonaparte, quatuor de filous et de chenapans, étaient parvenus à force d'intrigues et au moyen d'autres arguments *irrésistibles*, à arracher du gouvernement de la République la fermeture de tous les casinos de France, au profit de la plus grande maison de jeux du littoral, comme l'appelle un gentil petit hebdomadaire niçois.

Ce décret a provoqué un désarroi général parmi les chevaliers du râteau à la grande joie des râtisseurs de Monte-Carlo. Je trouve, pour ma part, que la décision de M. Clemenceau serait parfaite si à Monte-Carlo on jouait honnêtement, car il est absolument scandaleux de tolérer, plus même, d'encourager tacitement des tenanciers à exploiter ce qu'on appelle les petits chevaux ou la boule moderne.

Car c'est le vol organisé, autorisé, pratiqué dans toutes les règles de l'art. C'est le vol impuni ; car il est matériellement impossible d'y gagner ou même de s'y défendre.

Le refait de 11 o/o absorbe, à lui seul, un capital en 9 coups. Que vous gagniez momentanément, ou que vous perdiez, vous êtes vaincus d'avance.

Un grand quotidien de Nice, qui se mêle de prêcher la morale à ses moments perdus, a même osé imprimer en bonne place, la semaine dernière, des phrases dans le genre de celles-ci :

« Que vont devenir nos grands établissements publics, si on leur retire le droit d'exploiter les jeux ? Ils ne pourront plus subvenir à leurs frais considérables, devront fermer leurs théâtres, résilier les contrats consentis à prix d'or ».

Par conséquent, c'est le pauvre public qui paye, sans s'en douter, les merveilleuses distractions qu'on lui offre. C'est au moyen de ces pièges tendu à sa crédulité qu'on lui extrait adroitement l'argent de sa poche.

Par conséquent, le Gouvernement avait plus que le droit, il avait le devoir d'agir ! Mais puisque le jeu est ancré dans nos mœurs, il faut le canaliser et ne tolérer que des jeux où il est possible de se défendre. Tels la Roulette et le Trente & Quarante.

Voilà pourquoi les bandits qui administrent le tripot de Monte-Carlo sont si répréhensibles, c'est que, attirant le public du monde entier sous l'engagement de n'y présenter que ces deux jeux, ils ne les exploitent pas ni honnêtement ni loyalement.

d'autres termes, *on vend une seconde fois* le corps de son fils ou de son mari à ceux qui ont causé sa mort. Ces gens-là vivent des cadavres.

Si on manifeste le désir d'assurer une sépulture convenable aux malheureux, de ramener la dépouille dans le caveau familial, l'inspecteur objecte les difficultés administratives, l'autorisation nécessaire, — et difficile à obtenir — de la France et de la Principauté, les énormes frais auxquels on s'expose...

On réfléchira donc. Cependant, la cause est gagnée et l'inspecteur, tout fier du succès de sa mission, regagne Monaco en songeant que la profession de commis-voyageur pour cadavres n'est pas le plus sot des métiers.

Il arrive quelquefois que, la première douleur passée, la veuve du pauvre fou qui se tua, entreprend le voyage pour voir au moins la tombe de celui qui l'a quittée.

Sa robe de laine noire, son voile de crêpe la désignent immédiatement à tous les regards des mouchards ; son nom fait le reste. A peine arrivée, elle est conduite au commissariat. Brutalement on lui demande le but de son voyage. Elle l'expose simplement comme vous feriez dans un pays civilisé où le culte des morts est sacré. Elle demande, la malheureuse, à connaître la tombe de son mari pour y porter des fleurs, On lui répond qu'elle ne la connaîtra pas, qu'elle ne saura jamais ni dans quel cimetière ni où on l'a enfoui, comme une charogne. Si elle insiste, on la fait taire ; si elle menace, on la saisit, on la chasse et, comme une voleuse, on l'expulse de la Principauté.

Voici ce que fait le gouvernement du Prince Albert 1er ? C'est invraisemblable et c'est vrai. Quelle honte !

Jamais, entendez-vous bien, jamais la famille d'un joueur qui s'est tué dans la principauté ne peut avoir son corps; Jamais elle ne peut même connaître le lieu de la Sépulture,

Et ces gens-là, princes et valets, Albert 1, Edmond et Camille Blanc, les princes Constantins Radziwill et Ruflin-Bonaparte osent revendiquer le droit à l'honneur!

Je fais l'opinion publique, juge de leurs crimes et j'espère que l'heure sonnera bientôt, qu'ils tomberont bientôt sous la réprobation du monde civilisé

Venons-en aux faits :

Quelques histoires véridiques sur une des victimes du tripot de Monaco,

Nous compterons ensuite le nombre des suicides que l'administration a été dans l'impossibilité de nous cacher.

C'est tout au plus la vérité du dixième.

L'année dernière, une jeune dame, bien connue, originaire d'une ville du nord, entraînait chaque jour son mari à la roulette. Le jeune ménage se reprochait cette passion un peu partagée, mais ni l'un ni l'autre n'avait la force de résister. Les pertes au jeu survinrent, et la jeune femme en devint folle. On l'emmena à Paris où on dut la mettre dans une maison de santé.

Un autre exemple : un commerçant de Paris, retiré des affaires, était venu hiverner à Nice. Le malheureux était célibataire, il n'avait jamais joué; mais c'est là le danger du tripot.

Il y joua, pour débuter, un louis — il le perdit. Les jours suivants, il revint jouer : Les pertes se succédèrent. Il s'y ruina complètement — comme tant d'autres — au point qu'il s'était endetté dans son hôtel. Un jour, le maître de cet hôtel réclama avec insistance la note à son client décavé : Hélas ! répondit celui-ci, si j'avais seulement vingt sous, j'achèterais un sac de charbon pour me suicider...» Tête de l'hôtelier, qui mit dehors, en toute hâte, son insolvable client, en le priant poliment de *porter ailleurs sa charogne.* (sic)

Un capitaine en retraite de l'armée italienne, adjoint au maire de Vintimille, M. Antonion, s'est suicidé à Menton, en se précipitant de la pointe du port dans la mer le pêcheur Gordolon a découvert le cadavre de ce malheureux et l'a ramené à la côte.

Le commissaire central, ayant été prévenu, s'est rendu aussitôt sur le lieu du suicide et a procédé à une enquête sommaire.

Il a été établi que M. Cassano avait été rencontré la veille, se promenant, et ne paraissant pas jouir de la *plénitude de ses facultés.* On a trouvé dans une de ses poches une carte à son nom et sur le dos de laquelle il avait et signé au crayon ces mots : « La personne qui retrouvera mon corps est priée de faire parvenir la montre que j'ai sur moi au syndic de Vintimille. »

On attribue cet acte de désespoir à des chagrins de famille et à une responsabilité morale très relative. La mère, la femme et la fille de ce malheureux sont alités depuis longtemps en proie à une maladie des plus graves. Cassano laisse deux fils, l'un capitaine aux bataillons alpins, l'autre lieutenant d'infanterie.

Le cadavre a été transporté à l'hôpital où le docteur Ciais a procédé aux constatations médico-légales,

Le secrétaire du syndic de Vintimille, prévenu par dépêche, est arrivé à Menton dans la journée d'hier pour se faire remettre la dépouille mortelle de Cassano.

Telle est la note officieusement reptilienne que la Principauté fit paraître. La vérité vraie est que le malheureux Cassano a perdu à la roulette du quatuor Blanc-Radziwill-Ruffin-Bonaparte et a, en outre gravement compromis les fonds qui ne lui appartenaient pas. Le prince Albert Ier — sérénissime et ignorantissime — et Camille Blanc ont dû, ce soir-là, boire le vin d'honneur à la mémoire de celui qui a rempli leur portefeuille.

..

J'ai vu, à une table de roulette un brave garçon qui, jouant toute la soirée le n° 25, gagna par un mystérieux hasard, à la fin de la soirée, la somme de 197.000 francs. Il avait, comme on dit, fait sauter trois fois la banque.

C'est alors qu'il fallut voir la tourbe de directeurs, commissaires et valets, entourer cet homme phénomène, lui prodiguer les plus basses félicitations, s'enquérir au plus vite de son nom, d'où il venait et où il habitait pour à tout prix ne pas le perdre et le faire revenir au pigeonnier.

Il partit le soir pour Nice, étroitement surveillé et accompagné de deux femmes qui avaient reçu de l'Administration la consigne de le ramener. Il habitait à Nice, Hôtel National, dans les environs de la gare.

Le lendemain, il revint à Monte-Carlo par le train de midi, escorté de ses deux amies. On le reçut comme un grand seigneur. Partout sur son pas-

Quelques jours après, le corps du suicidé était rendu, mais il était absolument méconnaissable, on l'avait défiguré avec du vitriol.

Afin que vous ne puissiez douter de ce que j'avance, j'ajouterai que les personnes qui, comme moi, ont été témoins de ces faits sont M. le consul Patton, actuellement à Nice, rue de France, et M. Théodore Goulaeff, attaché à l'église russe de Nice.

Autres suicides : Celui du prince Obolensky qui s'est tué à Monte-Carlo. Toutes les recherches faites par le consulat de Russie pour retrouver son corps sont demeurées infructueuses.

Celui d'un capitaine russe, Nekrdkoff, qui s'est suicidé an jardin du casino.

Les autorités monégasques ont transporté le suicidé au cap Saint-Martin, après avoir eu soin de mettre *deux cents francs* dans les poches du mort.

Que dites-vous de ce petit truc ?

Est-ce assez habile !

Décidément le succès de notre campagne d'épuration dépasse toutes les prévisions. Trois personnes encore sont venues nous offrir des documents terribles contre le casino.

La première a occupé une situation très en vue à Monaco pendant plusieurs années. Elle était placée aux premières loges pour s'occuper du service des suicides et des crimes. Elle nous a démontré que nous étions dans l'erreur en supposant qu'on enfouissait toujours les morts à la Turbie. Depuis peu, on les brûle à Fontvieille, quartier de Monaco, dans l'établissement d'incinération des immondices, situé près des Glacières, boulevard Charles III, au bord de la mer.

De cette façon il ne reste plus aucune trace des cadavres ! Avouez que c'est horrible. Il parait qu'auparavant on avait déjà essayé ce système d'incinération des cadavres dans le four de la Buanderie de Monaco, située boulevard de la Condamine, et que c'est en présence des merveilleux résultats d'aucan tissement qu'on s'est empressé de construire l'usine soi-disant destinée à brûler les immondices, mais en réalité créée pour débarrasser sans traces aucunes les Blanc et Cie de leurs innombrables victimes.

Le second de nos admirateurs est un ancien employé du casino de Monte-Carlo, qui y a servi plusieurs années et a quitté l'Administration, écœuré des scènes auxquelles il assistait.

Il nous a donné les noms de croupiers chassés d'après de faux rapports, nous a dépeint les trucs employés par certains membres du personnel leur permettant de réaliser en peu de temps de fabuleux bénéfices, il nous a dit pourquoi les cylindres tournent toujours ; nous nous étions bien doutés du coup, mais nous nous refusions à y croire.

Et la troisième personne, une dame celle-là, a offert de mettre à notre disposition des notes confidentielles inconnues à ce jour, et dont la publication soulèvera un énorme scandale.

Les amours secrètes de la princesse Alice avec Isidore de L..., et la description des orgies qui se déroulaient dans le pavillon de l'annexe de l'Hôtel X..., tout proche du casino, amusera nos lecteurs. L'histoire des bains pris ensemble est des plus divertissantes.

A bientôt donc le récit de toutes ces intéressantes nouvelles.

Le Directeur Gérant : F. GROS

Imprimerie du Littoral 4, rue Vernier

infâme que de l'avoir dévalisée, grâce à une série d'entrainements inévitables. Hélas! l'avoué lui fit comprendre qu'il y avait peu de choses à faire et ne voulut pas se charger d'intenter un procès contre l'inviolable caverne.

Elle consulta le consul de France qui conseilla d'accepter la somme de 20.000 francs que la maison Blanc lui offrait. Ces gens-là, voyant la ténacité de cette infortunée, ayant peur du scandale, s'étaient décidés à rendre quelque chose.

Elle refusa, et folle de désespoir et de remords, un beau soir elle s'empoisonna et tomba raide morte dans l'atrium. Comme toujours, son cadavre ne traîna pas. Il fut enlevé par les gardes de l'Antre de la Roulette, et l'affaire fut étouffée.

Un honnête homme qui serait pour quelquechose, même de la façon la plus indirecte, dans une mort ou un suicide en serait affecté.

Aux princes et aux chevaliers de la Roulette, à tous ceux qui s'en engraissent, ces vulgaires accidents importent peu.

Qu'est-ce que cela leur fait qu'on se tue, pourvu qu'ils continuent à encaisser, pourvu qu'ils ne rendent pas d'argent et qu'on ne le sache pas trop !

Si on les éclabousse de sang, ils s'essuient et la danse recommence.

Il y a quelque temps, à une table de roulette, un joueur venait de perdre le dernier louis de sa fortune. Comme la pauvre dame de tout-à-l'heure, il ne lui restait plus rien. C'était la ruine complète, horrible, sans issue, et en face de lui, comme pour insulter à son désespoir, le flot des pièces d'or et des billets s'en allaient rejoindre les siens dans la profonde de l'honnête établissement.

Il ne prit même pas la peine de se lever. Assis où il était, stupéfié sur sa chaise, il tira tranquillement un revolver de sa poche, et d'un seul coup se fit sauter la tête. Son sang et sa cervelle inondèrent le tapis, comme si tout ce qu'il avait, jusqu'aux profondeurs de son être, tout devait appartenir à la Roulette !

Ses voisins effrayés s'enfuirent. Les gardes se précipitèrent, on enleva le cadavre d'un tour de main. On s'empressa de nettoyer le tapis, ainsi qu'à un banquet dont la nappe vient d'être rougie par un convive maladroit. Deux heures après on rejouait à la même table, comme si de rien n'était, et l'honnête maison continuait à encaisser.

M. Sicard et son fils se sont suicidés dans les circonstances suivantes :

M. Adolphe Sicard, ancien directeur de banque, ruiné par la roulette, s'en alla à Saint-Jean où il possède une villa et mit fin à ses jours.

En attendant l'arrivée de Mme Sicard, absente, son fils Jules, âgé de vingt-quatre ans, qui était impotent, s'occupa, avec l'aide d'amis, de mettre en ordre les papiers de son père ; puis, harassé de fatigue, il demanda à être laissé seul.

Au matin, lorsqu'on entra dans sa chambre pour l'informer que les obsèques de son père allaient avoir lieu, on fut surpris de le trouver immobile dans son lit. On souleva la couverture qui recouvrait sa tête. Le malheureux s'était tué dans la nuit en se tirant un coup de revolver dans l'oreille. La mort avait dû être instantanée.

L'ordre de surseoir aux obsèques du père fut aussitôt donné et, à dix heures, les cadavres du père et du fils étaient descendus côte à côte dans le même caveau.

Quant à Mme Sicard, arrivée de Vichy le matin, en apprenant le nouveau malheur qui la frappait, elle eut une crise épouvantable.

On m'a dit que, depuis ce double deuil, Mme Sicard était devenue folle.

Le 28 décembre, le cadavre d'un homme bien vêtu était trouvé sur un tas de pierres, au-dessous du pont du chemin de fer, près de l'église de Sainte-Dévote. Le cadavre était complètement défiguré.

On croit qu'il a dû se précipiter du haut du pont, c'est-à-dire faire une chute de plus de cent pieds. On n'a trouvé aucun argent sur la victime qui sortait des salons du Casino.

La police refuse tous renseignements, bien entendu.

Une autre victime du jeu cet hiver, et non des moins intéressantes, est un officier en garnison dans les environs de Nice, qui s'était rendu à Monte-Carlo avec 12.500 francs destinés à la paye de sa compagnie.

L'officier a d'abord gagné 50.000 francs, puis il a tout reperdu, y compris les 12.500 francs appartenant à son régiment. Mais il avait encore confiance, et il a écrit au directeur du Casino en disant que si cet argent ne lui était pas rendu, il se brûlerait la cervelle dans la principauté de Monaco et qu'il en résulterait un effroyable scandale.

Cette lettre a vivement impressionné le directeur, qui a conféré avec les administrateurs.

Ces messieurs ont longuement discuté ; en raison du cas particulier de l'officier, ils ont décidé que celui-ci serait remboursé de l'argent qu'il avait perdu à la condition de signer une reconnaissance par laquelle il s'engageait à rendre la somme au Casino par versements mensuels.

Peu de temps après, l'autorité militaire a eu vent de l'affaire et a expédié l'officier en question au Tonkin ; ainsi s'est terminé le scandale.

Le 8 janvier ...., Monte-Carlo a fait une nouvelle victime.

On a trouvé, tout près de San-Remo, le corps d'un homme bien vêtu et de belle apparence que l'on avait à plusieurs reprises remarqué dans les salons de jeu. Il s'était tué d'un coup de revolver.

On trouva sur le cadavre un billet ainsi conçu :

« Huit cent mille roubles perdus. Je ne possède plus rien... Que mon nom demeure ignoré ».

Terminons cette lugubre énumération par une lettre de M. le baron Nicolas de R... dont voici quelques extraits :

Monsieur,

Le 13 décembre .... je suis arrivé à Nice. Je revenais de la Sibérie Occidentale.

J'ai été témoin au tripot de Monte-Carlo de plus d'un suicide :

Si vous le permettez, je vais vous parler de quelques morts *subites*.

Le 22 mars ...., au café de Paris, un jeune Russe, nommé Jourkoff, s'est tiré un coup de revolver dans la bouche. Ce malheureux venait de perdre tout ce qu'il possédait.

Le lendemain on est venu réclamer son corps.

Les autorités de Monte-Carlo ont feint d'ignorer ce suicide et ont renvoyé les parents du disparu en prétextant qu'aucun homme ne s'était tué sur leur territoire.

La famille de Jourkoff s'est alors adressée au consul de Russie.

sage, le personnel des employés lui prodiguait force coups de casquette et gracieux sourires.

En entrant dans les salles de jeux, quoiqu'il n'y eût pas une place vacante à la table de roulette, sur le signe d'un directeur ou chef de partie, un joueur quelconque se leva immédiatement et lui offrit fort gracieusement sa chaise. Une des femmes se tenait debout à sa droite, l'autre se plaça à sa gauche (il était bien chambré).

Comme la veille, il joua le n° 25, mais cette fois sans gagner. Il jetait l'or et les billets, ne comptant plus. Il perdit ce jour-là près de 100.000 francs. Il revint de nouveau le lendemain, toujours en même compagnie et continua le même jeu, mais toujours sans veine. Ayant tout perdu, il se leva et partit comme un fou, sans cette fois être suivi des deux femmes qui s'éclipsèrent aussitôt et allèrent recevoir des directeurs le prix de leurs bontés.

À quelque temps de là, je revis le pauvre garçon à Monte-Carlo, errant dans les jardins, hâve et défiguré. Il me dit qu'il était revenu, la veille, essayer une dernière fois sa veine, que maintenant c'était bien fini, qu'il avait, hélas ! perdu tout ce qu'il possédait.

Le lendemain, j'appris qu'il s'était empoisonné dans une chambre d'hôtel à Nice.

Cet homme était un habile ouvrier mécanicien, marié et père de trois enfants. À force d'économie et de travail, il avait fondé un magasin de quincaillerie à Strasbourg, son pays natal.

Il était parti de chez lui en emportant tout l'argent, faisant croire à sa malheureuse femme qu'il allait pour affaires à Paris.

Lors de son deuxième voyage à Monte-Carlo il avait emprunté sur son établissement, engageant ainsi le dernier morceau de pain de sa femme et de ses enfants qui, depuis, sont restés dans la plus profonde misère.

L'hiver dernier, une dame Russe, nouvellement mariée, en attendant son mari, se mit à jouer et perdit environ 300.000 francs.

C'étaient le déshonneur et la misère. Elle fut alors se précipiter du haut des rochers dans la mer, entre Villefranche et Beaulieu.

Mme de L... noble et riche, passa toute une saison d'hiver à Monte-Carlo et finit par y perdre sa fortune d'abord, son honneur ensuite. Son mari la surprit en flagrant délit d'adultère, et l'aventure se termina par un drame. On se souvient encore de ce double suicide dans une villa bien connue aux environs de Cannes.

Une autre femme, Lady W... non pas noble, mais riche de ses vingt-cinq ans et de sa beauté, et célèbre par ses nuits d'orgies.

La roulette n'a pas cédé à ses caprices, car elle y perdit tout ce qu'elle possédait. Elle se jeta du haut d'un rocher dans la mer entre la Turbie et Beaulieu.

Cet autre Anglais, T..., qui tous les quinze jours allait de Monte-Carlo à Londres et revenait chaque fois avec 50.000 francs, qu'est-il devenu ? Après avoir perdu au Trente-et-Quarante et à la roulette toute sa fortune, s'élevant à près de 3 millions, le malheureux s'est brûlé la cervelle !

Mme Vve D. perdit au tripot de Camille Blanc toute sa fortune, elle aussi, elle avait acheté une ravissante villa près de Nice, qu'elle habitait avec sa petite fille. La fortune de Mme D... s'élevait à près de 700.000 francs qui furent dévorés par la roulette et les usuriers. Elle retourna à Lyon dans sa famille, désespérée. Quelques mois après, elle devint folle et mourut dans un asile d'aliénés. Son enfant fut élevée par les soins de l'Assistance publique.

Cet autre, baron S.., le *bienfaiteur des Dames* comme on l'appelait, a disparu lui aussi, après avoir tout laissé sur les tables du Trente-et-Quarante et de la Roulette. Il erra longtemps à Nice, vivant d'expédients et il partit pour l'Amérique. A New-York, on l'employa comme garçon à bord des bateaux faisant le service du New-Jersey.

Il fut compromis dans une affaire de vol de marchandises, fut condamné et mourut à l'hôpital de Blackwell's Island.

Qui n'a également connu, à Monte-Carlo, Adeline Mark..., la belle Hongroise?

Elle occupait, à Paris, un hôtel aux Champs-Elysées.

Sa fortune est passée dans les poches du prince Albert et de Camille Blanc. Aujourd'hui elle vit aux environs de Vienne, où elle traîne une existence de honte et de misère, tendant la main, et se plaisant à raconter à qui veut, pour quelques florins, l'histoire de tous ses anciens adorateurs.

Inutile d'ajouter, je pense, que je tiens à la disposition des incrédules les noms de ces malheureuses victimes.

Je ne me fais pas l'écho de racontars, j'écris malheureusement pour les héros, une histoire vraie.

L'année dernière, au sortir du Casino de Monte-Carlo, par une tiède soirée, un monsieur se promenait dans un de ces parterres qui dévalent jusqu'aux bas-moulins, dans l'enchantement de leurs fleurs et de leurs parfums. Arrivé sous un superbe olivier qui fait le centre d'un rond point, il s'arrêta figé d'étonnement; il venait de recevoir un coup de pied dans le nez. Revenu de sa stupeur, il lève les yeux, et voit au haut d'une branche un pendu qui gigotte. Pris d'une émotion dont il fut longtemps à se remettre, il appelle, crie au secours. — Des gardiens arrivent: — chut! pas de bruit! ne dites rien! — On décroche gentiment le cadavre; on vous l'emporte mystérieusement. Le lendemain, avant le jour, le mort allait rejoindre dans le cimetière de Monaco, le vaste champ des suicidés où dorment, côte à côte, enfouis nuitamment, en cachette, sans même que la famille et les amis aient été avertis, les victimes désespérées de la roulette et des honnêtes gens qui s'en font vingt millions de revenu annuel chacun.

Personne n'a connu le secret qu'a emporté dans la fosse commune des suicidés le malheureux pendu.

Cependant, toutes les victimes ne finissent pas sans bruit, le soir dans un coin. Il y a des agonies, des râles qui se font dans le palais même du bonneteau, au milieu de la foule grouillante déjà décavée ou qui va se faire décaver; des gens qui tiennent à se tuer sur le théâtre de leur ruine, d'autres à la table même où leur dernier écu s'est engouffré.

Il y a quelques années, la mort tragique d'une dame aurait eu un retentissement énorme sans la façon savante dont un infernal silence est organisé autour de tous ces drames.

Elle était venue à Monte-Carlo munie de beaucoup d'argent pour y jouer. Elle le perdit; voulant se rattraper, elle fit venir petit à petit, non seulement toute sa fortune, mais aussi celle de ses enfants.

Tout fut englouti.

C'était une veuve : seule au monde en face de sa ruine complète et de celle de ses enfants! Elle courut à Nice consulter un avoué, se disant qu'on ne pouvait lui prendre ainsi tout ce qu'elle avait, que c'était une chose

Dédié à MM. les membres du Parlement Français

LA FIN

DE MONTE-CARLO

Exposé succint, authentique et impartial des crimes de diverse nature dont la principauté de Monaco est journellement le théâtre.

"DELENDA MONACO"

par MAXIME DELATOUR

Publication bi-mensuelle paraissant
le 15 et le 30 de chaque mois

PRIX : 10 CENTIMES

TIRAGE : 100.000 EXEMPLAIRES

LA FIN DE MONTE-CARLO

Les deux premières brochures de cet ouvrage ayant obtenu un succès extraordinaire, un nombre considérable de personnes nous ayant prié de n'abandonner à aucun prix notre campagne, et tous les exemplaires mis en vente sur la voie publique, ayant été littéralement enlevés, — non par les agents secrets de Monte-Carlo — mais par les innombrables habitués du casino et par toutes les victimes du tripot, qui dans leur for intérieur, se doutaient bien qu'elles avaient été très adroitement échaudées à Monaco, nous avons l'honneur de faire savoir que nous poursuivrons jusqu'au bout l'œuvre d'épuration que nous avons entreprise.

Ni les citations directes à comparaître en police correctionnelle dont la famille Blanc nous menace, ni la surveillance occulte des mouchards de Monte-Carlo dont nous sommes l'objet, ni les tentatives d'assassinat auxquelles nous nous exposons, ne nous arrêteront.

En conséquence, nous retournons aux nombreuses personnes qui ont cru devoir s'abonner à « La Fin de Monte-Carlo », les sommes versées par elles à cet effet. Nous leur enverrons à titre gracieux les divers numéros de cet ouvrage auquel elles paraissent attacher tant d'intérêt.

Encore une fois merci à tous, des encouragements divers qu'ils nous prodiguent et merci en particulier au généreux autrichien qui nous a fait parvenir un chèque très important, lundi 31 décembre dernier, en témoignage de reconnaissance. Nous ajouterons cette jolie somme aux autres, de moindre importance reçues à ce jour. — Que tous aient confiance en nous, sous quelque forme que ce soit.

Semblables à une torpille flottante, nous n'abandonnerons le cuirassé monégasque que lorsque nous l'aurons fait sauter,

. .

Les successeurs, enfants et gendres du père Blanc, savent bien qu'on ne prend rien au sérieux dans ce beau pays de France, comme dit la chanson.

Et c'est de notre légèreté que les enfants, après le père, profitent pour drainer dans leurs coffres les capitaux des deux mondes. Ils savent bien que trop crédule quand il s'agit de vétilles, le Français n'ajoute foi à rien lorsqu'il est question de péril national. S'il s'en occupe, c'est pour hausser les épaules.

A notre humble avis, c'est un grand tort, et de scandaleuses actions comme il s'en passe à Monaco devraient ouvrir les yeux aux pouvoirs publics.

Bien coupables les communiqués officieux — payés fort cher à de grands journaux qui n'ont pour mission que de jeter le trouble et le doute dans l'esprit du public.

Généralement, le courageux écrivain qui, au mépris de sa vie, a ouvert les yeux aux personnes intelligentes, finit par être soupçonné de chantage, et les voleurs dont il a signalé ouvertement les louches agissements, continuent à être salués chapeau bas !

Plus que jamais l'intelligence et la loyauté, ces deux puissances, sont en lutte ouverte avec l'or, la suprême puissance de notre époque, où tout est à l'encan.

Si vous êtes insensible aux billets de mille que vous offre la Société anonyme des Bains de Sang de Monaco, pour ne pas divulguer les infamies dont vous avez pu être témoin, la bande Blanc et Cie répandra habituellement le bruit que vous agissez dans un but de « chantage », et une fois de plus, l'or aura vaincu l'honnêteté.

Malheureusement, le public ne croira jamais que vous pouvez avoir raison, à vous seul, quand vingt feuilles réputées honnêtes ont l'air de vous donner tort.

Néanmoins, nous continuerons à fournir, à la France en particulier et au monde entier en général, des preuves telles que tous finiront par dire :

« Après tout, c'est fort probablement vrai ! »

Hélas, à Monaco plus que partout ailleurs, cette sentence est profondément exacte.

A l'œuvre on connaît l'artisan.

En effet, quels peuvent être les artisans de cette œuvre infernale, et au suprême degré, malsaine, qui ruine et désole les familles, et qui amène avec son cortège de faux, d'escroqueries et de vols, le suicide ou la mort du malheureux joueur dépouillé ?

Des gens qui vivent de la ruine d'autrui sont-ils honnêtes ?

Les Blanc, Radziwill, Ruflin-Bonaparte méritent-ils d'être laissés au repos ? Le comité de l'hygiène publique s'occupe des maladies contagieuses. S'il est une œuvre d'assainissement, n'est-ce pas la suppression du Tripot de Monte-Carlo ?

L'hygiène publique est en jeu. Que le Parlement français se mette à l'ouvrage et supprime l'épidémie en supprimant ceux qui la propagent.

N'oublions pas toutefois qu'à l'Etranger on sait que le protectorat de Monaco n'est que théorique, mais qu'en réalité la Principauté est *terre française.*

N'oublions pas que de tous les Etats civilisés, le Gouvernement français est le seul qui tolère *chez lui* la roulette et le trente-et-quarante.

Le jour où il daignera fermer Monte-Carlo, le *monde entier* l'en félicitera.

C'est la honte du siècle, ce tripot où, chaque année, s'évanouissent sur les tapis verts, pour enrichir quelques forbans sans scrupules, une centaine de millions de l'épargne publique.

Il est temps que cette honte nous soit épargnée !

La Principauté de Monaco est encore actuellement, ce qu'elle n'a cessé d'être depuis 33 ans, un véritable repaire de bandits.

Aucun pays du monde ne voulut donner l'hospitalité au tripot. Il était réservé au règne de Napoléon III d'accepter cette honte.

Sedan et Monte-Carlo devraient être gravés sur sa tombe.

Les chenapans qui dirigent le Casino n'ont même pas le courage des bandits de grand chemin qui, en détroussant les passants, risquent en quelque sorte leur vie ; à Monaco, les Blanc risquent uniquement celle des autres ! Ils sont sûrs de leur peau, les joueurs sont trop lâches !!!

Nous prêcherons la croisade contre ces *sans-patrie*, épaves de la société qui les réprouve, d'un pays qui les renie, du monde entier qui les hait..,

Si à la lecture de ce modeste ouvrage, le lecteur conserve encore quelques illusions ou quelque doute, il est digne de s'associer à la famille Blanc ; s'il continue à leur abandonner le pain de ses enfants, nous ne le plaindrons pas.

Il continuera à être volé ; c'est tout ce qu'il mérite.

Mais nous ne croyons pas l'humanité atteinte d'un tel degré de cécité, et les honnêtes gens, formant heureusement la grande majorité de ce monde, finiront sûrement par se liguer pour obtenir la fermeture de l'immonde tripot monégasque !

Arrivons à la suite des faits.

Nous avons promis, pour le numéro 3, la description d'une scène de passage à tabac, extraite des «Mémoires d'un Policier secret de Monte-Carlo».

La voici :

Les attributions du chef du commissariat spécial, dirigé par M. Barthélémy, sont multiples. Il a sous ses ordres le personnel des surveillants des salons et celui du contrôle des portes.

Comme commissaire spécial de Monte-Carlo, il est chef de la police du casino. En cette qualité il est magistrat et a droit de verbaliser.

Ce sont les agents du commissariat spécial qui ont pour mission de passer à tabac les joueurs récalcitrants qui ne savent pas perdre leur argent sans protester un peu, surtout quand ils s'aperçoivent qu'ils ont été..... refaits.

Un mot, en passant, de ce passage à tabac dont ne se doutent guère la plupart des visiteurs du casino.

Quand un ponte décavé se permet d'élever la voix dans les salons, les surveillants qu'on désigne sous le nom de *gardes de l'intérieur*, s'emparent de ce protestataire et le conduisent au commissariat spécial.

Aux débuts du casino, pour éviter tout esclandre et toute réclamation, on se contentait d'admonester le ponte récalcitrant et on le faisait filer, en ayant soin de prendre son signalement pour que l'accès de Monte-Carlo lui fut désormais interdit.

Mais à mesure que l'or tombait avec plus d'abondance dans les caisses de la maison Blanc, celle-ci en prenait à son aise avec le public. Avec le succès venaient l'orgueil et le mépris de la clientèle.

Depuis une quinzaine d'années, l'admonestation de jadis est remplacée par le sérieux passage à tabac.

C'est le prédécesseur de M. de la Londe, M. G..... qui a inauguré ce système de persuasion à l'usage des joueurs grincheux.

C'était un individu brutal et solide, dont les biceps imposaient le respect à son personnel. Lorsqu'un pauvre diable de décavé était amené dans son cabinet, il lui tombait dessus à bras raccourcis, sans lui laisser le temps de s'expliquer, et tapait jusqu'à ce que le malheureux demandât grâce ou fût à moitié assommé.

Inutile d'ajouter que ce personnage aussi lâche que méchant faisait tenir sa victime par les gardes quand il se trouvait, par hasard, en présence d'un gaillard capable de lui rendre coup pour coup.

Quelques-unes des victimes de ces brutalités sont restées au lit pendant plus de quinze jours, notamment un nommé F..... imprésario des musiciens hongrois du café de Paris.

D'autres, des gens du monde, se sont suicidés de rage et de honte d'être ainsi traités après avoir perdu leur argent.

Depuis que le prédécesseur de M. de la Londe n'est plus en fonctions, voici comment s'opère le passage à tabac, d'après les ordres de ce dernier.

Le ponte malheureux qui *fait de la musique* est appréhendé par les gardes, ainsi que je l'ai dit et conduit au commissariat spécial. Là, si le pauvre diable réitère ses protestations et ne prend pas l'engagement formel de se montrer à l'avenir plus accommodant, les agents le poussent dans un escalier noir qui aboutit à une porte dérobée ouvrant sur le poste des pompiers ou sur les jardins, au choix.

Pendant ce trajet, les agents le cognent à qui mieux mieux, à coups de poing, à coups de pied, sans pitié pour ses plaintes qui ne peuvent, d'ailleurs, être entendues du public.

Enfin, quand l'infortuné est arrivé ainsi hors du casino, s'il s'avise de crier dans la rue, la police du Prince, toujours aux aguets de ce côté, s'empare de lui et l'emmène d'abord au poste du commissariat de police du quartier de Monte-Carlo ; de là, on le conduit à la prison du château où quelquefois il se suicide, disent les rapports secrets de la police monégasque.

.*.

Les voleurs qui administrent le casino de Monte-Carlo, commencent à sentir le sol branler sous leurs pieds. Ils n'ont plus, comme jadis, l'absolue certitude du lendemain.

Ils ne savent que trop bien que leur règne est fini, *Mane, Thecel Phares*; attendu que le public est mûr pour adresser une pétition énergique aux Chambres françaises, et c'est une excellente manière de procéder que de demander par cette voie la suppression de Monte-Carlo.

Les travaux préparatoires doivent être soigneusement faits, avant de donner à la place forte l'assaut décisif.

Il n'y a pas à s'exagérer les difficultés de l'entreprise. Le colosse d'or a des pieds d'argile, comme le disait spirituellement M. Auvray.

Toutes les plumes ne sont pas au plus offrant, toutes les consciences ne sont pas vénales.

Les gens de bonne volonté ne manquent pas; ce qu'il faut, c'est l'action persévérante.

Avec l'état d'esprit actuel des Chambres, la situation se présente bien pour demander l'élargissement de la question.

Le tripot monégasque est une pourriture dont il faut se débarrasser au plus tôt.

On pourrait empêcher 300 suicides cet hiver, et une infinité de ruines sur la Côte d'azur en fermant immédiatement la trop néfaste maison de jeux. Il faut au gouvernement français 2 heures pour cela. Il les trouvera si nous savons le persuader.

Nous allons, à la demande de nombreux lecteurs, faire circuler des listes de souscription parmi les membres de la colonie étrangère et parmi toutes les notabilités de Nice et du littoral.

Nous n'avons pas entrepris cette campagne par cupidité comme on veut le faire croire à Monaco. Ils savent très bien qui nous sommes, et que c'est à la suite des ignobles procédés dont nous avons été victimes de leur part, que nous nous sommes décidés une bonne fois de saisir l'occasion pour présenter au grand public l'ignominie de tous ceux indistinctement qui, à des degrés différents toutefois, font partie de la bande cosmopolite de gens tarés, rebuts de la société, qui se sont réfugiés dans les replis du linceul de la société des bains de mer de Monaco.

On ne jette pas les suicidés à la mer. Cette sépulture n'offre pas assez de sécurité pour le cercle. On les garde dans les sous-sols le temps nécessaire, et la nuit on les transporte au-dessus du cimetière de Monaco, où ils sont enfouis, entre 2 et 3 heures du matin. Ils atteignent leur demeure dernière entourés d'un sac et transportés à dos de mulet, comme si l'on conduisait un chargement quelconque à la Turbie.

Quand un joueur se tue dans un hôtel de la principauté, le garçon qui va prévenir immédiatement le chef de service des suicidés, au casino, reçoit une forte prime pour le récompenser de sa diligence, et s'assurer de sa discrétion.

Le cadavre est *toujours* enlevé la nuit, avec toutes les précautions nécessaires, et s'il est trop tard pour l'enfouir de suite, on le transporte provisoirement dans les sous-sols du casino.

A Monte-Carlo on ne vous fait pas payer de droit d'entrée au Casino, afin d'être toujours chez eux et de pouvoir vous jeter dehors lorsque vous devenez gênant.

En effet, l'article 2 du règlement, lequel est inscrit au dos des cartes d'entrées, dit textuellement :

« L'administration se réserve le droit de retirer la carte d'entrée dans les salons, sans être obligée d'indiquer les motifs de cette décision ».

Voyez l'hypocrisie de ces bandits.

Ne vous êtes-vous jamais aperçus que lorsqu'un gros joueur signalé approche d'une table, il trouve une place comme par enchantement, une personne se lève prétextant avoir terminé sa partie et lui offre sa place.

Encore un truc du Casino.

Celui qui vous a cédé si gentiment sa place est un agent du casino, jouant de temps à autre une pièce avec l'argent de la banque. On n'ignore pas que le joueur assis ne se lève que lorsqu'il est décavé ; tandis que le joueur qui perd 2 ou 3 gros coups s'énerve, et va demander à une autre table la compensation qu'il en espère, ou plutôt sort du casino : autant de perdu pour la caisse et cela il faut l'éviter à tout prix.

Savez-vous pourquoi les plaques de cent francs en or à l'effigie du Prince-Roulette ont été frappées : uniquement, parce qu'elles ne reviennent qu'à 91 francs à Albert. Il n'y a pas de petites économies.

Vous n'avez jamais vu de pièces de 5 fr., 2 fr. ou moindres à l'effigie de cet oiseau rare, n'est-ce-pas ? En effet, le bénéfice à en tirer n'en valait guère la peine.

.·.

Camille Blanc et Cie trouvant que le mal blanc ne causait pas suffisamment de ravages, voulut créer l'an dernier un mont-de-piété à Beau-Soleil, commune française contigue à Monte-Carlo et dont il est le maire.

Cela lui tenait au cœur de voir les personnes quitter le territoire monégasque avec leurs meubles, leurs malles et leurs effets. Il aurait voulu même accaparer tout cela, quitte à prêter une feuille de vigne aux malheureux qu'il aurait détroussé jusqu'à la peau.

Malheureusement pour lui la campagne entreprise contre le maire rouletier, par le directeur du *Journal de Nice* a fait échouer son projet. Aussi il ne le lui pardonne pas. Songez donc ! les personnes faisant actuellement le prêt sur gages à Monte-Carlo supérieur prennent 2 0/0 par jour, soit 730 0/0 par an sur signature, et donnent 1\10 de la valeur des bijoux.

Naturellement on ne peut que très rarement dégager ceux-ci, et comme les aigrefins qui les ont déplumés revendent très cher les joyaux de leurs victimes, ils réalisent des fortunes considérables en peu de temps.

Les Blanc et Cie s'arrachent les cheveux de n'avoir pensé plus tôt à leur idée de fondation d'un clou ; on les aurait probablement laissé faire dans le temps, tandis qu'à présent, trop de gens voient clair dans leur jeu.

.·.

Si un gros joueur vient d'enlever une forte somme par le plus grand des hasards, et qu'il n'habite pas la principauté, vite un des plus habiles auxiliaires de la bande est collé à ses trousses, de façon à l'allumer et à le ramener le lendemain au casino par mille ruses d'apache, afin qu'il ne s'en retourne pas en son pays avec la belle galette des Blanc.

Si l'élément féminin n'est parfois pas en nombre suffisant, dans les salles de jeu, par suite de parties de plaisir en canot, en voiture ou à domicile, le sinistre Maubert, directeur des jeux, qui monte la garde dans le casino, prévient Bornier, directeur général des escroqueries, et l'ordre est lancé d'amener immédiatement *toutes ces dames au salon.*

Les larbins filent dans toutes les directions et les grues rappliquent sans retard.

Le casino a en outre à sa disposition quelques demi-mondaines de très grande envergure et d'une beauté remarquable, qui sont en permanence dans un hôtel situé très proche du casino, ou au café de Paris.

Les femmes sont un des principaux leviers dont le casino se sert pour retenir, griser et enfièvrer le joueur qui a momentanément de la chance ; elles s'arrangeront toujours pour le ramener autour du tapis vert et le retenir jusqu'à ce qu'il ait perdu son dernier écu. Bien vite, alors, elles se rendent à la caisse de la direction, où elles touchent une commission en rapport avec la somme qu'elles auront fait perdre au jeu, et que les chefs de partie sont toujours à même d'apprécier ; la direction se montre d'ailleurs généreuse et donne facilement quelques billets de 100 francs, car ces malheureuses, plus à plaindre qu'à blâmer, ont en général la passion du jeu et reperdent le montant du prix de leurs exploits

Il est vrai que celles qui seraient tentées d'économiser l'argent *gagné* dans ce joli métier, se verraient retirer leur carte d'entrée des salons du tripot.

Parfois ces dames qui sont très jalouses l'une de l'autre se prennent de querelle et on assiste alors à des scènes inénarrables. J'ai vu de mes yeux, un des commissaires portier-concierge, Gérard de Cailleux, s'efforçant, dans l'atrium du casino, de calmer une vieille garde du bataillon d'amour, l'ex belle B.... (que tout le monde connaît, par suite de ses amours retentissantes avec un très haut personnage de la cour d'Italie) et lui disant : ma toute belle si j'expulse Joséphine pour vous faire plaisir, je suis forcé d'employer le même procédé envers vous.

La B... s'est tue devant cet argument sans réplique et Gérard de Cailleux se remit à faire le beau autour des jolies petites femmes qui se pavanaient dans l'atrium.

. .

Citons à ce propos un fait signalé par Montfalcone, dans son intéressant ouvrage intitulé : « Monte-Carlo Intime », livre absolument introuvable, comme toujours, les mouchards du tripot ayant, selon la coutume tout retiré immédiatement de la circulation.

Montfalcone dit textuellement :

« Un jeune homme venait de gagner à la roulette 7o.ooo francs. En sortant, il rencontra dans l'atrium une horizontale avec laquelle il venait de déjeuner. Elle s'informa s'il avait gagné, et sur sa réponse affirmative, elle lui demanda quelques louis pour acheter une ombrelle, Il se fouilla et ne se trouva que 20 francs de monnaie. « Plus tard, ce soir, dit-il ». Mais la fille lui dit . « Vas me la gagner avec ce louis, puisque tu es en veine ! » Aussitôt dit, aussitôt fait ; il joue le louis, le perd, change un billet de mille, perd encore ; un deuxième, un dixième, tous y passent ; enfin il perd les 7o.ooo francs qu'il venait de gagner, plus cinquante et quelques mille qu'il possédait. Il sort comme un fou pour aller demander de l'argent télégraphiquement ; tandis qu'elle riant aux éclats, va à la Direction raconter sa prouesse et encaisser 500 francs qui, dix minutes après, étaient retournés à la banque. »

. .

Dans les jardins, en chemin de fer, au Café de Paris, vous aurez certainement remarqué des gens étalant ostensiblement des liasses de billets de mille et racontant à un compère, de façon à être entendu, que ces jolis papiers bleus étaient le résultat de la journée. Ils ajoutent même, par exemple : « Oui, mon cher, tu vois qu'avec un peu de science, il n'est pas difficile de gagner ; voilà un mois que cela dure. »

Méfiez-vous de ces bonshommes, autant d'allumeurs payés par le Casino.

. .

Lorsque vous gravissez les marches du temple de l'or et de l'infamie, et que vous vous dirigez vers le commissariat où se délivrent les cartes d'entrée, donnez-vous la peine d'observer parmi la foule qui y entre et en sort, les trois ou quatre individus à la face sinistre, habillés comme s'ils étaient des visiteurs, chapeau melon ou de feutre sur la tête ; ce sont des mouchards du commissariat spécial. Parfois ils sont assis sur le banc cannelé qui longe la porte de gauche de l'atrium, et ont l'air de parler de choses insignifiantes.

Leur besogne cependant est des plus absorbantes. Ils sont placés là par Barthélemy, l'autre commissaire portier-concierge, qui a son bureau à côté ; il a une tête qui rappelle celle de Barbe Bleue. Ils vous espionnent dès vos premiers pas ; ils écoutent vos réflexions et les transmettent sans retard au lugubre Maubert, directeur du service des filouteries. Vous êtes taxés, suivant l'impression que vous avez produite à ces immondes créatures aux yeux de lynx, et aucun de vos mouvements n'échappe désormais aux mouchards de l'intérieur si vous avez lâché quelque parole imprudente.

Espionnage, contre-espionnage, telle est la devise de la Société anonyme des Bains de Mer de Monaco.

. .

Lorsque vous contemplez les mille et une merveilles qui s'étalent à vos yeux, avez-vous déjà songé, naïfs joueurs, que vous avez tous contribué plus ou moins à l'élaboration de celles-ci.

L'un de vous a certainement payé l'escalier du casino, l'autre les cylindres ou les tables du trente & quarante, le troisième une ou plusieurs colonnes du musée océanographique, qui est entre parenthèses une des scandaleuses glorifications du faux savant Albert Gouyon, dit Grimaldi ; un quatrième d'entre vous a payé à lui seul les uniformes des croque-morts ou pseudo-pompiers ; l'autre, la villa Olga, la somptueuse demeure du bandit Bornier, boulevard Pereira, — et que sais-je d'autre encore, Oui ! vous avez tous contribué à embellir la Principauté.

Je connais un Russe qui, à lui seul, a couvert les frais d'agrandissement du port de Monaco (5.000.000).

Réfléchissez un instant : Le tripot qui existe depuis 1863, — il y a donc 44 ans — aurait-il atteint le degré de splendeur auquel il est arrivé, s'il était possible de gagner.

Le Casino pourrait-il subvenir à ses trente mille francs de frais qu'il a journellement, fournirait-il la liste civile du prince Albert Gouyon, le traitement du clergé, de la magistrature, de l'armée (56 soldats commandés par 28 officiers, 1 pour 2 soldats), s'il y avait moyen de se défendre au jeu ?

Payerait-il indistinctement tous les fonctionnaires de la Principauté, jusqu'aux gardes-chiourmes de la prison ?

Exonérerait-il les habitants de tout impôt ; pourrait-on se passer du régime douanier ?

Rémunérerait-il grassement tous les employés du casino, depuis le chef du tripot Georges Bornier, le bandit, jusqu'au dernier balayeur des 2.160 hectares de terrain qui constituent l'enclave ?

Vous offrirait-on des représentations théâtrales d'un prix fabuleux et des concerts classiques où chaque exécutant est un artiste hors ligne, uniquement pour vos beaux yeux.

Non, n'est-ce pas ; c'est avec votre or que toutes ces fantaisies se réalisent. C'est vous seuls, naïfs joueurs, qui payez tout cela !

La meilleure preuve que les jeux de Monte-Carlo sont ruineux au premier chef, c'est qu'un groupe de capitalistes au courant de ce que peut produire l'exploitation des jeux de hasard, a offert au Gouvernement français d'éteindre la dette de la France, en échange d'une concession de jeux à Saint-Cloud, avec condition — sine qua non — que Monte-Carlo soit fermé en même temps.

Ce serait là, il me semble, une heureuse combinaison, et si le Gouvernement ne veut l'adopter, qu'il impose le fameux tripot d'une redevance de 50 millions annuellement au profit de l'Assistance publique. De cette manière, l'or dont les joueurs tiennent absolument à se débarrasser, servira au moins une cause humanitaire, au lieu d'engraisser la bande d'immondes voleurs qui a nom Blanc, Radziwill, Ruflin-Bonaparte et Gouyon 1er, le pédéraste, émule de Radziwill !

Nous commencerons dès aujourd'hui la publication détaillée des biographies des personnages, tous tarés, qui ont été ou sont à la tête du néfaste tripot monégasque. Abordons François Blanc, fondateur des jeux, dits de hasard, à Monte-Carlo.

Nous ne presenterons qu'un résumé de sa vie, car le récit de la carrière aussi mouvementée que scandaleuse de ce grand détrousseur de portefeuilles, serait trop long à narrer, et le cadre de cet ouvrage ne s'y prête pas, pour le moment du moins.

Dans les brochures suivantes, la première partie de chacune d'elles sera consacrée à l'exposé des tours de bandits, exécutés par la clique Blanc et Cie, et la deuxième partie, contiendra le résumé de la vie d'un des héros de la bande.

I· Le Père Blanc (François). — Pour avoir si bien mis en œuvre l'exploitation des jeux dits de hasard, pour avoir si merveilleusement organisé la colossale filouterie, exposée précédemment, il fallait être un tricheur parfait, un « grec » de génie. Or, cela ne fait aucun doute pour quiconque examine de près les débuts de François Blanc. Cet homme eut dès sa plus tendre jeunesse, la vocation du vol astucieux et roublard.

L'origine des tenanciers de Hombourg et de Monte-Carlo est des plus modestes. Voici l'acte de naissance de François et de Louis Joseph Blanc, frères jumeaux :

Extrait des registres des Actes de l'Etat Civil de la commune de Courthezon (Vaucluse), déposé au greffe du tribunal civil de la ville d'Avignon.

L'an mil-huit-cent-six, le treize décembre, à quatre heures du soir, par-devant nous, maire et officier de l'Etat-Civil de la commune de Courthezon, canton de Bédarrides, (Vaucluse), est comparu le sieur *Claude-Agricol Blanc,* receveur de cette commune, âgé de trente-quatre ans, domicilié à Courthezon.

Lequel nous a présenté deux enfants jumeaux, du sexe masculin, nés le jour d'hier, à une heure du soir, de lui, déclarant, et de dame *Marie-Thérèse, Alexandrine Janin,* son épouse, et à l'ainé desquels il a déclaré vouloir donner les prénoms de *Louis-Joseph,* et à l'autre le prénom de *François.*

Lesdites déclaration et présentation faites en présence de sieurs *François Tavernier,* faiseur de bas, âgé de cinquante-sept ans, et *Antoine Duclos,* cordonnier, âgé de vingt-huit ans, domiciliés à Courthezon.

Et, après que lecture du présent acte a été faite au père et aux témoins, ils l'ont signé avec nous. *Signé :* Blanc ; Tavernier ; Duclos ; Brucher, maire.

Partis du petit village vauclusien, les deux jumeaux s'engagèrent, avec autant de promptitude que de sérénité, dans des sentiers qui n'étaient pas précisément ceux de l'honneur. Un résumé officiel de leur biographie jusqu'en 1836, existe dans le principal document d'un procès qui fit grand tapage à l'époque.

Vers la fin de 1833, — donc, à 27 ans, — ils s'étaient établis à Bordeaux, s'intitulant banquiers, mais exerçant en réalité la jolie profession d'écumeurs de bourse, se livrant uniquement à l'agiotage à coup sûr ; la façon dont ils jouaient sur les fonds publics, attira l'attention de la justice, qui les fit coffrer en 1836, les traduisit devant la cour Royale d'Orléans, chambre des mises en accusation, audience du mardi 6 décembre 1836, et finalement les déféra à la cour d'assises d'Indre-et-Loire pour y rendre compte de leurs méfaits.

La presse du temps, donna à cette cause célèbre le nom d'Affaire des Télégraphes.

Parmi les griefs que releva l'accusation, citons ceux-ci au hasard :

François Blanc, le futur fondateur du tripot Monégasque, s'est gratifié du prénom supplémentaire de *Louis*, qui n'appartient qu'à *Joseph*, de cette façon les deux jumeaux filous signaient *Louis Blanc*, ce qui facilitait leurs manœuvres.

Ils corrompirent Lucas et Guibout, employés transmetteurs au télégraphe aérien.

Ils ont mené longtemps *une existence vagabonde, et n'ont pas laissé dans toutes les villes qu'ils ont habitées, les souvenirs d'une vie probe et occupée ?*

A Marseille, ils ont été expulsés d'un cercle appelé *Le Salon*, disparu aujourd'hui.

A Avignon, on s'aperçut au *café de la Paume*, où ils jouaient à l'écarté, qu'ils *gagnaient constamment...*

A Lyon, ils ont gagné (?) des sommes *considérables* au jeu, ou de toute autre *manière illicite*. Ils passaient pour LES PLUS FINS FILEURS DE CARTES, et pour faire une étude de la *prestidigitation, qui servait à leur industrie*.

Leur réputation était très mauvaise.

Le Parquet de Lyon a fait savoir que les frères Blanc avaient cherché à acheter une charge d'agent de change, mais le syndicat de ceux-ci a refusé de les admettre.

A Paris, ils ont gagné au *cercle de l'Union*, rue de Grammont, de fortes sommes à l'écarté.

A Anvers, en 1835, on se défiait de leurs opérations de bourse, qui *paraissaient* toujours sûres.

A Bruxelles, l'un d'eux avait pris le nom de *Leblanc*.

L'instruction a découvert les preuves de leur *déloyauté*, poussée aux dernières limites, mais extraordinairement habile.

Les agents de change de Bordeaux, interrogés, avouent avoir perdu en spéculant (!) avec les frères Blanc, *cent soixante-quatorze mille sept cent quarante et un francs*. Monsieur Debance, agent de change à Bordeaux, évalue à *deux cent cinquante mille francs*, les gains (!!!) que les frères Blanc faits en deux ans.

Cependant n'ayant pas été complète sur ce point, tout porte à penser que les frères Blanc ont *gagné des sommes beaucoup plus considérables.*

(Gazette des tribunaux N° 3552, du samedi 28 Janvier 1837, page 313, 1re colonne).

Mais le bouquet de leurs exploits, c'est l'escroquerie au télégraphe, ce coup d'audace les fit boucler. En voici le résumé :

En 1836, pour la transmission des dépêches, on se servait encore de la télégraphie aérienne, c'est-à-dire des appareils à signaux, dont l'inventeur est Chappe (1793), et qui étaient placés sur des hauteurs, chaque poste télégraphique se trouvant à une distance de 8 à 10 kilomètres du poste suivant. L'employé attaché à un poste, était désigné sous le nom de « télégraphier-stationnaire » ; au moyen d'une longue-vue, il était *guetteur* des signaux faits par le télégraphe aérien du poste qui le précédait sur la ligne, et il les reproduisait immédiatement au moyen de l'appareil Chappe de sa station. C'est seulement en 1838 que le physicien américain Morse appliqua, à New-York, pour la première fois, l'électricité à la télégraphie.

Les frères Blanc, pour gagner sûrement à la Bourse de Bordeaux avaient trois agents : le premier, nommé *Franch*, ancien sous-officier invalide, résidait à Paris, où sa fonction consistait à noter les cours de la Bourse de la Capitale et à les envoyer immédiatement, *d'une façon conventionnelle secrète*, dans un paquet expédié par la malle-poste de Paris à Tours ; le second, d'abord un nommé *Lucas*, puis (après la mort de celui-ci) son adjoint *Guibout*, était l'employé de la première station télégraphique à la suite du poste central de Tours et, d'après les indications du paquet mystérieux, il ajoutait aux signaux de n'importe qu'elle dépêche officielle, *d'autres signaux spécialement destinés aux frères Blanc*, lesquels se trouvaient ainsi transmis jusqu'au bout de la ligne, à Bordeaux, le troisième agent, établi dans cette dernière ville, était un nommé *Renaud*, ancien employé des télégraphes qui, logé dans un appartement ayant vue sur le poste aérien de Bordeaux, notait les signaux supplémentaires et accourait aussitôt chez les frères Blanc; et ceux-ci jouaient à coup sûr, car à cette époque les cours de la Bourse n'étaient pas admis à participer aux transmissions télégraphiques, lesquelles servaient exclusivement aux nouvelles politiques et aux ordres et avis du gouvernement, les banquiers et les agents de change ne pouvaient s'envoyer les cours que par la poste aux chevaux.

A Bordeaux, donc, tous les agioteurs spéculaient en se basant sur leurs prévisions plus ou moins perspicaces, forcément livrées au hasard, tandis que les frères Blanc, avec leurs renseignements certains, toujours en notable avance sur l'arrivée des courriers, jouaient à coup sûr et plumaient, sans en avoir l'air, les autres banquiers et les agents de change.

L'instruction releva *121 opérations de Bourse effectuées par les frères Blanc dans ces conditions audacieusement frauduleuses.*

C'est au moyen de cet argent honteusement volé que les frères Blanc ne tardèrent pas à passer la frontière, après leur condamnation, et qu'ils fondèrent à Hombourg (Prusse) le Kursaal de roulette et de trente & quarante.

Tel est le point de départ de la scandaleuse fortune de la famille Blanc.

Le casino de Monte-Carlo conservera éternellement la triste réputation qu'il a acquise, c'est-à-dire qu'il est le plus luxueux coupe-gorge du monde.

La devise du père d'Edmond et de Camille Blanc était auparavant *voler.*

en jouant ; ils l'ont modifiée ultérieurement et remplacée par celle-ci : *voler en faisant jouer les autres.*

C'est ce principe que le vieux forban appliqua durant le restant de sa vie avec une incroyable chance. Ses fils Edmond et Camille marchent dignement sur ses traces.

Le père Blanc, François, était tellement convaincu qu'il n'y a rien à faire au jeu, qu'il disait constamment : « Je donne un million au joueur qui, pendant une année, gagnera tous les jours une pièce de cent sous, quel que soit le capital dont il dispose et avec maximum à volonté. »

Ce défi n'a jamais été relevé.

Il avait coutume de dire également : « Celui qui a fait sauter un jour la Banque est certain de se faire sauter une fois la cervelle. »

Et pour finir, mentionnons quelques faits qui se sont produits ces jours derniers, c'est-à-dire depuis l'apparition du numéro 2 de notre brochure : *La Fin de Monte-Carlo* :

Une personne de nos amies se trouvant dans l'atrium du Casino, la semaine dernière, entendit pendant qu'elle cherchait sa carte d'entrée, les réflexions suivantes émises par deux surveillants :

« C'est égal, mais je n'aurais jamais cru que les Bonaparte actuels faisaient partie d'une telle bande de canailles, et qu'ils avaient eux-mêmes un aussi déplorable passé. »

Nous sommes heureux que nos écrits aient pénétré jusque parmi le petit personnel du Casino.

Autre fait :

Le 4 janvier dernier, une dame est devenue subitement folle à la table n° 2 — table de droite de la salle Schmidt —. Elle avait perdu le restant de sa fortune, et ayant poursuivi le zéro avec les quelques louis qui lui restaient, et celui-ci s'étant obstiné à ne pas se montrer. Lorsqu'elle eut perdu son dernier écu, elle se mit à chanter : « Oh mon zéro, petit zéro chéri, viens, mon zéro, etc. ». On ne lui laissa guère le temps de continuer sa lugubre romance, elle fut empoignée par deux larbins et poussée dans le bureau de Maubert en moins de temps qu'il ne faut pour l'écrire. Une dame qui l'accompagnait et qui sanglotait fut escamotée également en cinq secs.

Les Blanc et leurs employés sont tellement affolés par notre campagne, qu'ils vivent littéralement sur un volcan.

Une dame ayant laissé tomber son sac à main rempli de plaques et de louis, et celui-ci ayant causé un certain bruit, tous les employés de la table de trente et quarante où le fait se produisit, se levèrent brusquement, ainsi que les joueurs, et songèrent à fuir. Les malheureux froussards croyaient que c'était une bombe qui venait de tomber.

En outre, Camille Blanc ne trouve rien de mieux que de faire assommer nos vendeurs par les apaches de Bornier. En voilà deux qui ont été attaqués depuis huit jours ; quand ils sont de taille à se défendre, le Roi de la Côte d'Azur ne trouve qu'un moyen d'avoir raison d'eux : il les fait arrêter, on les relâche le soir et leur journée est perdue.

Peu importe aux bandits du tripot de Monte-Carlo que les femmes et les enfants de nos crieurs ne mangent pas !

Nice est actuellement infesté de mouchards du Tripot ; on en rencontre partout. C'est absolument ignoble et révoltant.

A la porte du champ de courses du Var même, Blanc et Bornier ont éprouvé le besoin d'en coller. Celui qui est de service actuellement à la porte d'entrée de la pelouse est ce petit gros qui marche comme un canard et qui a une jambe raide.

Vous pourrez le remarquer à présent que je vous l'ai signalé. Il a une figure assez pleine, moustache brune, vêtu d'un pardessus demi-saison, gris foncé, chapeau melon noir, souliers bruns. Le soir, il est au Casino Municipal de Nice en compagnie de cinq autres mouchards ; ils essayent de surprendre les conversations et surveillent les joueurs signalés.

Ils ont en général le physique de l'emploi, leur tête est absolument repoussante.

Et pour finir, la note gaie :

Il parait que Bornier, directeur général du tripot, a parié de remporter le prix du concours d'originalité au Carnaval de Nice. Savez-vous ce qu'il va faire à cet effet :

Tout bonnement se déguiser en honnête homme, personne ne le reconnaîtra.

P. S.— Camille Blanc a quitté précipitamment la Côte d'Azur, dimanche à 5 h. 50, immédiatement après le grand-prix.

Pourquoi ?

(*A suivre*)   MAXIME DELATOUR.

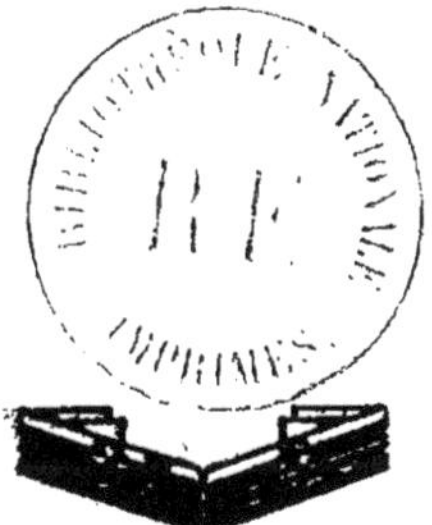

[illegible] sur l'hôtel [illegible] de Monte-Carlo que les femmes et
[illegible] matricule du Tripot; on se rencontre
[illegible] Blanc et Dornier ont [illegible]
[illegible] actuellement à la porte
[illegible] tenant un extrait [illegible]

[illegible] l'ai signalé. Il a une
[illegible] demi-saison, gris
[illegible] au Casino Municipal
[illegible] agent de surprendre

[illegible]

[illegible] la porte de transport [illegible]

[illegible]

[illegible] Le Maire [illegible]

[illegible] Vice-prés.

[illegible] (A suivre.)